KB188677

RE·ISSUE|SERIES | 04

시간이 지나도 책에 담긴 가치는 변하지 않습니다. 당신의 성장과 성공을 위해
리-이슈(재발간) 시리즈는 매일매일 책상 위에 올려두고 싶은 책을 엄선하여 소개합니다.

《SHINPAN KEKKYOKU 'SHIKUMI' WO TSUKUTTA HITO GA KATTEIRU》

© Hajime Arahama, Manabu Takahashi, 2013 All rights reserved.

Original Japanese edition published by Kobunsha Co., Ltd. Korean publishing

rights arranged with Kobunsha Co., Ltd. through BC Agency, Seoul.

이 책의 한국어 판 저작권은 BC에이전시를 통해

저작권자와 독점계약을 맺은 나비의활주로에 있습니다.

저작권법에 의해 한국 내에서 보호를 받는 저작물이므로 무단전재와 복제를 금합니다.

일러두기

- 이 책은 2007년 출간된 《결국 시스템을 만드는 사람이 이긴다》 초판 내용을 수정
 하고 더하였으며, 목차를 바꾸어 출간한 개정판입니다.

- 이 책에서 나오는 화폐의 단위는 독자의 이해를 돕고자 '100엔=1,000원'으로 환산
 하여 표기하였습니다.

PROVIDE TOTAL
EARNING
SYSTEM

결국
시스템을 만드는
사람이 이긴다

아라하마 하지메, 다카하시 마나부 지음 | 오정화 옮김

나비의 활주로

시간이 흘러도 시스템은
여전히 가치를 지닌다

《결국 시스템을 만든 사람이 이긴다》의 초판이 출간된 지도 벌써 꽤 오랜 시간이 흘렀다. 덕분에 초판은 출간 이후 5년 동안 4만 2천 부 이상 발행되었는데, 이는 저자 2명의 예상을 훨씬 뛰어넘은 대성공이었다. 이 책을 계기로 사람들이 '시스템'이라는 단어를 활발하게 사용하거나, 시스템을 키워드로 내세우는 비즈니스 도서가 계속 출간되면서 '이 책으로 인해 시스템 열풍이 불기 시작했다'라는 평가를 받기도 했으며, 너무 과분할 정도로 큰 관심을 받고 있다.

최근 세상은 정말로 다양한 움직임과 빠른 변화의 물결이 있었으며, 비즈니스 환경도 크게 바뀌었다. 그중에서도 시스템(앞으로 자세하게 설명하겠지만, 이 책에서는 이를 '일단 만들어두면 자신은 크게 움직이지 않아도 저절로 수입이 들어오는 구조'라고 정의한다)을 구축하기 위해 가장 먼저 유효한 활용을 고민해야 하는 인터넷 관련 비즈니스는 메일 뉴스레터부터 블로그, 트위터나 페이스북과 같은 SNS까지를 다룬다. 하지만 이와 관련한 트렌드는 따라갈 수 없을 정도로 빠르게 변해가고 있다.

이 책의 초판이 나왔을 당시에는 최첨단이라며 입을 모아 외쳤던 인터넷 관련 기업이나 비즈니스가 이제는 경영 부진으로 인해 빈사 상태에 빠졌다는 사례도 전혀 이상한 이야기가 아니다. 그렇다면 궁금해지는 것은… 그렇다. **'이 책에 등장하는 〈시스템〉 소유자 10명은 지금, 과연 어떻게 지내고 있을까?'라는 점이다.**

초판을 집필할 당시 그들에게 들었던, 소유한 시스템의 내용과 그를 만들어내기까지의 경험담은 매우 신선했고, 깜짝 놀랄 정도로 충격적이었다. 우리는 '그런 아이디어가 있었다니!', '그런 일이 있을 수 있다니!'라고 흥분하면서 깊게 빠져들어 메모했었다. 그렇다면 그들은 지금도 혹독한 비즈니스의 세계에서 살아남아 있을까? 그들이 만들어 낸 시스템은 아직도 건재하게 기능하고 있으며, 여전히 그들에게 지속해서 수익을 안겨주고 있을까? 무엇보다 그것을 확인하고 싶다고, 아니 확인해야만 한다는 생각이 들었다.

그래서 이번 개정판에서는 시스템 소유자 10명을 다시 새

롭게 취재했다. 각 인물에 대해 케이스 스터디를 한 후, 〈시스템 소유자의 지금〉이라는 페이지를 추가하여, 그들과 그들이 만든 시스템의 현재 상태를 알리기로 했다. 그 부분은 초판을 읽은 분들에게도 새로운 가치를 제공할 수 있다고 확신한다.

솔직히 이번 시스템 소유자들에게 오랜만에 취재를 요청할 때, 약간의 불안감도 있었다. 혹시 그들 가운데 시대의 거센 파도를 맞고 모습을 감춘 사람이 많아 '역시 시스템이란 새빨간 거짓에 불과하다'라는 결론이 도출되면 어떻게 해야 하나 걱정했다.

그러나… 결론부터 말하자면 그런 불안감은 완전히 기우였다. **그들 대부분은 처음 취재할 때보다 훨씬 더 열정적으로 비즈니스를 전개하고 있었다. 소유한 시스템을 계속 운용하고 있거나, 사람에 따라서는 전보다 더욱 강력한 시스템을 만들기도 했다.**

그들의 이야기를 들으면서, 첫 인터뷰 때와 마찬가지로 가슴속에서부터 끓어오르는 흥분을 억누를 수 없었다. **시스템 구축에 필요한 기본적인 '사고'와 '착안점'만 갖추고 있다면, 주위를 둘러싼 환경이 어떻게 변화하든지 전혀 문제없이 계속 성과를 낼 수 있다는 것을 다시 한번 실감했다. 시스템은 역시 엄청나게 대단한 위력을 가지고 있었다.**

부디 각 케이스 스터디와 이번에 새롭게 써 내려간 〈시스템 소유자의 지금〉을 비교하면서 꼼꼼하게 읽어보기를 바란다. 그들이 각자 독자적인 시스템 사고를 바탕으로 어떻게 시대와 환경의 변화에 대응하고, 또 어떠한 방법으로 자신의 비즈니스를 더 성장시키고 발전시켰는지 깊이 이해할 수 있을 것이다.

앞서 '그들 대부분'이라고 말했는데, 이는 취재한 10명 가운데 다양한 요인으로 인해 비즈니스가 성공적으로 전개되지 않아, 현재 시스템 운영을 중단하고 조용히 지내는 분도 한 명 있기 때문이다. 그래도 그는 당당하게 우리 앞에 모습을 드러내었고, 자신의 지난 경험을 숨기지 않고 말해주었다. 그의 용기에 마음속 깊이 경의를 표하며, 진심으로 감사의 말을 전한다. 다른 사람의 성공과 마찬가지로, 때에 따라서는 다른 사람의 실패로부터 오히려 성공 이상의 무언가를 배울 수 있다는 것은 독자 여러분도 이미 잘 알고 있을 것이다.

이번 개정판은 케이스 스터디 부분을 최소한으로 수정했다. 그 부분은 10명이 소유한 시스템을 처음 보고 느낀 저자들의 충격이 그대로 담겨 있어, 다시 읽어도 그 놀라움이 조금도 퇴색되지 않고 충분히 시사하는 바가 크다고 생각했기 때문이다.

또한 본문에 나오는 숫자 등은 기본적으로 2007년 취재 당시의 자료다.

한편 초판에서 하나의 챕터를 차지했던 후반부의 〈쳇바퀴 경쟁Rat Race에서 빠져나오기 위한 시스템 구축 강좌 ① 테크닉 편〉은 완전히 삭제했다. 그 챕터에서 주요하게 기술한 인터넷을 활용한 시스템 구축의 구체적인 기술(테크닉)은 이미 지금은 진부해진 느낌이며, 이전에 소개한 각종 툴이나 서비스가 지금은 제공되지 않는 것도 많기 때문이다.

당시에 유행했던 기술은 시대의 흐름과 함께 쇠퇴한다. **그러므로 독자 여러분은 이 책을 통해 시스템 소유자들의 '사고방식'과 '착안점'에 주목하기를 바란다.** 그에 집중하면서 읽어 나가면 좋겠다.

회복의 조짐이 전혀 보이지 않는 구조적 불황은 물론이고 지진 재해, 그에 따른 원전 사고가 계속해서 덮쳐오고 있다. 오늘날 '일본은 더는 힘들다'라는 비관론이 난무하고, 많은 이들이 자신의 삶을 보호하는 데 급급하여 점점 끝을 향해 가는 것처럼 보인다. 그런 가운데 자기 아이디어와 노력으로 길을 개척한 시스템 소유자 10명의 자세는 한층 더 반짝임을 더해가며, 우리가 잊고 있던 희망과 용기를 전해준다. '일단 하면, 누구나 그들처럼 할 수 있다'라고 말할 생각은 없다. 그러나

'할 수 있다'라는 믿음으로 한 걸음을 내딛지 않는 한, 그 무엇
도 바뀌지 않는다는 것도 사실이다. 이 개정판이 다시 한번 많
은 이들의 도전 의식에 불을 지피는 도화선 역할을 하길 희망
한다.

아라하마 하지메

시스템 구축은 삶에서 자유를 주는 최고의 선택이다

'시스템'을 직접 구축하여 경제적·시간적 자유를 획득할 것인가. 아니면 앞으로 계속 시스템의 일부로서 일할 것인가. 당신의 선택은?

열심히 일을 해도 부유해지지 않는 계층을 '워킹푸어Working Poor'라고 부르는데, 이는 오늘날 사회 문제로 대두되고 있다. 여기에서 '부유해지지 않는다'라는 말은 생활보호 이하의 수준을 가리키는 것처럼 들린다. 그 정도가 아니더라도 점점 격차가 벌어지는 오늘날 '풍족함'이나 '행복'을 실감할 수 없는 계층은 분명 증가하고 있을 것이다.

죽어라 일을 해서 수입도, 지위도 어느 정도 올라갔다. 그러나 매일매일 빠듯하게 일에 쫓기기만 할 뿐, 가족과 대화를 나누거나 취미를 위한 시간을 만들기 어렵다…. '워킹푸어'와도,

'신 부유층'과도 아무런 관련이 없는, 그런 일상을 보내고 있는 계층이다.

특히 대부분의 현역 직장인은 전대미문의 엄청난 불황 속에서 냉혹하게 직원을 해고하는 기업을 직접 경험했다. 그러므로 '매우 불합리하다'라는 생각이 들 정도로 가혹한 노동 조건에도 좀처럼 회사에 "이건 아닌데요"라고 말하기가 쉽지 않다. 하고 싶은 말이 있어도 자신과 가족의 생활을 위해 스스로를 채찍질하며 일할 수밖에 없는 것이다.

앞으로 일본 기업은 '잃어버린 10년'을 통해 얻은 경험과 교훈을 본보기로 삼아 회사의 이익을 직원에게 환원하는 일은 하지 않을 것이다. 업적에 대한 보상이라며 어느 정도 보너스로 인심을 쓸 수는 있지만, 회사의 이익은 주로 기업을 유지하기 위해 쓰이거나 외국 자본 등에 '매각되지 않기' 위해 시가총액을 올리는 데 사용될 수 있다. 그리고 '행동하는 주주Activist Shareholder'에 대비하기 위해 주주 배당을 많이 하는 데 사용한다고 추측할 수 있다. 따라서 업적이 조금 좋아진다고 하더라도 일반 직원에 대한 대우가 호전될 가능성은 더없이 희박하다는 뜻이다.

그러므로 지금 현재, 빠듯하게 업무에 쫓기는 이들은 대부분 이러한 상황을 평생 지속해야 한다는 말이다. 마치 데굴데

굴 소리를 내면서 쳇바퀴 안을 계속 달리는 햄스터와 같은 삶이다. 그런 인생이 계속 이어지는 것이다. 과연 이대로 괜찮은 것일까? 어쩌면 그런 생각을 할 여유조차 없을지 모른다.

이 책에서는 직장인의 사례를 들었지만, 비정규직이나 아니면 스스로 무언가를 시도하고 싶다고는 생각하면서도 실현하지 않는 사람도 마찬가지다. 이 책은 적어도 '이대로 괜찮은 것일까?'라는 생각을 품고 있는 이들에게, '쳇바퀴'에서 벗어날 수 있는 힌트를 제시하는 데 목표를 두고 있다. 따라서 아래와 같은 이들은 이 책을 읽을 필요가 없다.

- **한평생 계속 바쁘게 일하는 것에 대해 어떠한 의문이나 불만이 없으며, 오히려 기쁨마저 느끼는 이들**

- **일이야말로 인생의 최우선 과제이며, 나머지는 부수적이라고 생각하는 이들. 딱히 업무 이외의 일에 시간을 소비하고 싶다고 생각한 적이 없는 이들**

만약 그런 사람이 이 책을 손에 들었다면, 지금 바로 책꽂이에 돌려놓고 자신에게 더 도움이 될 수 있는 다른 책을 찾아보는 것이 좋다. 하지만 혹시라도 지금 자신이 처한 상황에 대해

'어떤 소중한 것을 희생시키면서 생활하고 있다'라고 느껴, 이를 '바꾸고 싶다'라고 여긴다면 부디 이 책을 읽어보는 것으로써 참고할 수 있을 것이다.

〈챕터 1〉에서 자세하게 서술하겠지만, 이 책에서는 시스템을 **'일단 만들어 두면 본인은 크게 움직이지 않아도 저절로 수입이 들어오는 구조'**라고 정의한다. 이 책은 그 시스템을 어떻게 구축할 것인가에 초점을 맞추었다. 이렇게 말하면 '이 책은 의심쩍은 피라미드식 판매 방식이나 네트워크 비즈니스와 관련된 도서인 걸까?'라는 생각이 들지도 모른다. 하지만 이 책은 그것과 전혀 관련이 없다는 점을 미리 말해 둔다.

그렇다면 다시 시스템 이야기로 돌아가 보자. '저절로 돈이 들어온다? 그런 이상적인 이야기는 있을 리 없다', '만약 그것이 가능하다면 모든 사람이 그렇게 하고 있을 것이다.' 대부분의 사람은 이렇게 생각할 것이다. 그러나 이는 정말로 가능하다. 아니 그를 실현하고 있는 사람이 많다고 바꾸어 말하는 편이 좋을지도 모른다.

그렇다면 지금 자신이 처한 상황을 어떻게 바꾸고, 어떻게 '쳇바퀴'로부터 벗어날 것인가? 이를 실현하기 위한 중요한 열쇠가 바로 이 책에서 말하는 시스템이다.

이 책을 집필한 우리는 지금까지 인재 비즈니스와 기업을 다양하게 취재해 온 작가다. 실제로 취재를 통해 깨달은 점은 대수롭지 않은 아이디어나 경험으로부터 독자적인 시스템을 구축한 후, 그 시스템을 통해 열심히 일하지 않아도 계속 수입을 얻고 있는 이들이 있다는 사실이다. 콕 집어 말할 만한 특수한 기술이 없어도, 또 높은 학력이 없어도 말이다. 그들은 어떻게 시스템을 고안하고, 또 어떻게 실현했을까? 그것을 배운다면 우리도 독창적인 시스템을 창출하여 '쳇바퀴'로부터 탈출할 기회를 포착할 수 있을지도 모른다. 저자들은 그런 생각으로 취재를 시작하여 한 권의 책으로 정리하였다.

한 단어로 시스템이라고 말해도, 그 형태는 매우 다양하다. 주식이나 부동산 등, 이른바 고전적인 시스템이 있다면, 인터넷을 활용하는 시스템도 있다. **이런 시스템은 모두 '본인은 크게 움직이지 않아도 돈이 들어오는, 소위 자판기와 같은 상태'라는 공통점이 있다.** 솔직히 취재한 저자들도 가끔 '이런 방법이 있었다니!'라며 눈이 번쩍 뜨이는 기분을 느낀 적도 있었다. 다만 여기에서는, 이 책에 등장하는 '그들'에 의해 만들어

이 책에서는 케이스 스터디로 다루기 위해 이미 독자적인 시스템을 소유한 사람을 인터뷰했다. 그 과정에서 도출할 수 있는 시스템 구축 방법의 포인트를 고찰하고 있다.

져 실제로 있는 시스템만 소개한다. 그러므로 이 책을 읽고 완전히 똑같이 만든다고 하더라도 의미가 없다.

이 책에서 상세하게 설명하고 있지만, 시스템 구축에는 선행자 메리트가 있다. 다시 말해 '다른 사람이 성공한 것을 모방하기'란 매우 어렵다. **따라서 독자 여러분은 해설하는 각 실제 사례를 모방하는 것이 아니라, 그들의 성공 사례를 '시스템 구축을 위한 깨달음'으로 삼길 바란다.**

그러나 단순히 '편하게 돈을 벌고 싶어서' 이 책을 골랐다면, 독자적인 시스템을 소유하려는 당신의 시도는 거의 틀림없이 실패할 것이다. **이 책에 등장하는 시스템 소유자들은 모두 열심히 일하는 사람들**Hard Worker**이며, 대부분 시스템을 구축하기까지 수많은 시도와 오류를 반복했다.** 그러므로 '그냥 굴러들어 오는 행운' 같은 건 절대 저절로 찾아오지 않는다.

그런 의미에서, 시스템을 구축하면서 피해갈 수 없는 시련이나 고통을 처음부터 극복하려 하지 않고, 그저 '일단 일하지 않아도 쉽게 돈을 벌 수 있는 방법을 알려 달라'라고만 말하는

취재를 거듭할수록 저자들은 역시 시스템은 '이익이 된다'라고 느꼈다. 바쁘게 움직이지 않아도 돈이 들어오는 것은, 매일매일 파김치가 될 때까지 일하며 겨우 생활을 유지할 정도의 수입만 얻고 있는 저자를 포함한 많은 이들에게는 꿈만 같은 이야기일 것이다.

사람 또한 이 책을 읽을 필요가 없다. 무엇보다(적어도 제대로 된 비즈니스에서는) 이 세상에 그런 방법은 있을 리 없으며, 그 말은 이 책에서는 그런 내용을 다루지 않는다는 의미다.

다만 자신 나름대로 노력과 연구에 몰두하여 독자적인 시스템을 손에 넣을 수 있다면… 그것은 당신의 인생을 송두리째 바꿀 만한 위력을 가졌다는 사실만큼은 선행자들의 모습을 통해 확실히 알 수 있다.

마지막으로 독자 여러분이 오해하면 안 되는 것은, 저자들은 절대 **'열심히 움직이고 땀 흘리며 꾸준히 일하는 것을 부정하지 않는다'**라는 점이다. 예를 들어 저자들의 작가라는 직업은, 생각해 보면 지극히 효율이 높지 않다. 취재 하나를 하는 데도 본인이 그 자리에 있어야만 하고, 원고도 스스로 작성해야만 한다. 자판기와 같은 상태는 있을 수 없는 것이다. 그럼에도 저자들은 이 직업에 자부심과 애착을 갖고 열심히 일하고 있다. 작가라는 직업뿐만 아니라, 어떠한 직업이라도 그렇게 생각하는 사람이 많을 것이다. 이것은 이것대로 하나의 삶의 방식이다. 더불어 '일'이란 당연히 단순히 돈을 벌기 위한 수단이 아니다. 일은 자기 능력을 높여주고 자기실현을 목표하는 데 매우 중요한 역할을 담당하고 있다. 심한 압박감 속에서 그야말로 죽을힘을 다해 일하며 한계를 뛰어넘음으로써 자신의 성장을 실감할 수 있었다는 경험은 틀림없이 많은 사람들이 해보았을 것이다. 그러므로 저자들은 '일하는 것은 바보 같은 일이다'라고는 털끝만큼도 생각하지 않으며, 독자 여러분도 그렇게 생각하지 않길 바란다. 이 책에 등장하는 사람 중에도 그런 사고방식을 가진 사람은 단 한 사람도 없다.

다만 '자신이 좋아하는 일을, 자신이 원할 때 마음껏 즐기고 싶다'라는 마음은 저자를 포함한 모든 이들의 근원적인 욕구라고 할 수 있다. 이 책에서 말하는 시스템의 구축은 그것을 목표로 하기 위한 강력한 무기가 될 수 있다.

다시 말해 진심으로 시간적, 경제적으로 자유로워지기를 바라는 사람에게 '그렇다면 그를 위한 가장 첫걸음으로 이런 방법이 있다'라는 선택지를 제시하고 싶다. '그것은 불가능하다'라고는 바로 말할 수 있다. 그러나 인생의 길은 결코 하나가 아니라고 믿는다. 이 책이 당신의 인생에서 선택지를 넓히는 데 일조하기를 바라 마지않는다. 마지막으로 본문 가운데 일부 존칭은 생략하였으니, 독자 여러분의 양해를 부탁한다.

아라하마 하지메

CONTENTS

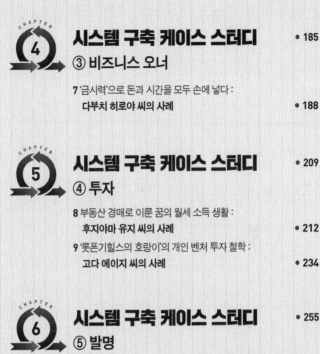
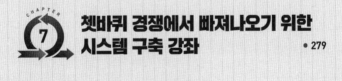

시스템이란
무엇인가?

결국 시스템을 만든 사람의 승리다

"… 아, 시스템 말이지. 최근에 내 주변의 젊은 CEO들도 모두 입을 모아 '역시 시스템을 만들어야 한다', '시스템을 만드는 사람의 승리다'라고 말하고 있어. 그렇다면 도대체 시스템이 무엇을 말하는 거지? 사실 꽤 애매하긴 하지만… 뭐랄까. '구조'라고 말할 수 있을까?"

아직 초저녁이라고 해도 좋은 시간. 시부야의 술집에서 오랜만에 만난 15년 지기 친구 T가 담배 연기를 내뿜으며 산뜻한 어조로 말했다. 이는 "요즘 하는 일은 어때?"라는 질문에, "뭔가 최근에 시스템이라는 표현을 사용하는 사람을 많이 만나고 있어"라는 나(아라하마)의 대답에 대한 T의 반응이다.

구제의류 바이어인 T는 업계에서도 유명하고, 해외에도 본인의 회사가 있는 유망한 기업가다. 그의 주위에는 젊은 나이에 자신의 비즈니스를 하는 사람이 많이 있다. 그런 그들 사이에서도 시스템이라는 단어는 어떤 종류의 키워드로서 언급되며, 조용하고 천천히 침투하고 있다고 한다.

"그래서 시스템이 도대체 뭐야?"

바야흐로 그 순간이, 우리가 시스템을 좇는 여행의 출발점이 되었다.

슬리만이 되어라

나의 가장 큰 취미는 '여행'이다. 대학생 시절에는 기간이 긴 방학 때마다, 등에 가방을 짊어지고 아시아를 중심으로 많은 나라를 히피족인 척 돌아다녔다(이 책의 공동 저자인 다카하시 마나부와 앞에 등장한 구제 의류 바이어 T도 이러한 여행 도중에 만났다).

대학을 졸업한 이후에도 해외 생활에 대한 강한 동경을 품고 있어, 실제로 태국과 인도에서 일본 기업의 현지 채용 직원으로서 일한 경험도 있다. 그러나 최근 몇 년간은, 장기 외국 여행 등과는 전혀 관계없는 생활을 하고 있다. 프리랜서 작가라는 직업의 특성상, 유급 휴가 등은 물론 없으며 '일을 쉬고 해외에 나간다'는 말은, 다시 말해 '그동안은 수입 없음'을 의미한다. 사랑하는 아내와 한창 크고 있는 귀여운 아들이 있으며, 스스로 '상식인'이라고 지칭하는 내가 그런 무책임한 행동을 할 수 있을 리 없다. 그렇게 날마다 혹독한 마감에 시달리면서도 언젠가는 일하지 않아도 먹고 살 수 있게 되어 세계 곳곳을 마음껏 누비는 자기 모습을 상상한다.

그럴 때 나는, 대학 시절 아버지가 나에게 한 말씀이 떠오른다. "미래에 어떤 삶을 살고 싶으냐"라는 아버지의 질문에, "가능하면 평생, 원할 때 언제든지 여행을 떠날 수 있는 삶을 살고 싶어요. 단 가난은 싫어요"라는, 지금 생각하면 너무 부끄러운, 세상 물정 모르는 대답을 한 나에게 아버지는 이렇게 말했다.

"그렇다면, 너는 슐리만이 되어라."

하인리히 슐리만Schliemann, Heinrich. 그는 다른 수식어가 필요 없는, 트로이 유적을 발견한 인물이다. 어렸을 때부터 트로이의 전설에 매료되어 트로이 유적의 발굴을 꿈꾸던 슐리만은, 빈곤했던 청년 시절에도 가슴속 깊은 곳에서 열정의 불씨를 잠재우지 않고, 열심히 일하여 40대에 엄청난 실업가가 되었다. 평생 일하지 않아도 될 만큼의 자산을 손에 넣은 그는, 자신의 모든 것을 유적 발굴에 쏟아부으며, 실재하지 않는다는 말까지 있었던 트로이 유적을 마침내 찾아냈다.

사실 나의 아버지는 50세쯤에 사회 활동을 그만두고, 당시 소유하고 있던 아파트와 주식 투자로 수입을 얻고 있었으며, 정치나 경제에 관련된 자기 생각을 책으로 정리해 사비로 출판하는 활동을 하고 있었다.

아버지의 조언은 스케일이 매우 커서 실현하기 매우 어려운 것이었지만 요점은 '좋아하는 일을 하며 살고 싶다면, 우선 경제적 기반을 마련하라'였을 것이다. 하지만 당시의 나는 '슐리만이 되어라'라는 말을 들어도 '뭐라고? 그게 무슨 말이야'라고 여겼고, 그에 대해 전혀 진지하게 생각하지 않았다.

지금, 나는 말할 것도 없이 슐리만과는 매우 동떨어진 삶을 살고 있다. 기본적으로 원고를 한 편 쓰고 얼마를 받는 방식이다. 다행히 그럭저럭 수입은 얻고 있지만, 일을 멈추면 그 즉시 모든 것이 멈추어 버린다. 아마도 이러한 업무 스타일이라면 결심이 섰을 때 오랜 기간 외국으로 나가는 여행은 앞으로도 하늘의 별 따기일 것이다(모든 것에서 손을 놓을 각오가 있다면 그건 또 다른 이야기일 테지만).

게다가 나에게 일을 의뢰할지, 의뢰하지 않을지는 출판사 편집자를 비롯한 클라이언트가 결정하기 때문에 나의 생사여탈의 권한을 쥐고 있다고 할 수 있는 존재는 바로 그들이다. 이 책의 공동 저자인 다카하시 마나부 씨를 포함한 작가 동료들과 함께 술을 마실 때면 "우리 온전히 쉬지 않고 쳇바퀴를 달리는 햄스터와 같은 삶이네"라며 자조하는 일도 가끔 있었다.

시스템 소유자와의 만남

그랬던 나는 2006년 여름, 한 잡지 취재에서 만난 두 인물로부터 엄청나게 충격을 받은 일이 있었다. 그들은 모두 이 책의 케이스 스터디로 소개하고 있는데, 그중 한 사람은 공장 주변의 주차장 정보 사이트를 만들며 사업을 시작한 곤도 쓰토무

(近藤 勉) 씨다. 나는 그가 일은 거의 하지 않는데도, 마치 자판기처럼 연 매출 1억 원을 기록하고 있다는 사실에 깜짝 놀랐다.

"주말에만 일하는 '주말 기업'으로 시작할 생각이었기 때문에, 최대한 수고를 들이지 않아도 돈이 들어올 수 있는 시스템을 고민했습니다."

이렇게 담담하게 말하는 그에게 솔직히 부러움을 느꼈다. 또 다른 한 명은 '롯폰기힐스의 호랑이'라 불리며 TV 등에서 자주 볼 수 있는 투자 회사, 로이스 팩토리의 CEO, 고다 에이지(甲田 英司) 씨다.

빙수 포장마차로 시작하여, 말 그대로 '갑자기 벼락부자가 되는 것'을 실현해 보인 고다 씨는, 유명 정치가도 거주한다는 강이 보이는 고층 아파트(10억 원이 넘는 집을 현금으로 구매했다고 한다)에서 취재하던 도중, 이런 말을 했다.

"저는 제가 일하지 않아도 수입이 들어오는 시스템을 이미 만들었으니까요. 솔직히 일할 필요는 없어요. 요즘은 제가 흥미롭다고 생각하는 일, 하고 싶다고 생각하는 일만 하고 있습니다."

앞의 2명이 말한 시스템이라는 표현이 나의 마음을 사로잡았다. 곤도 씨, 고다 씨와 나를 가로막고 있는 것은 무엇일까? 바로 직접 움직이지 않아도 돈이 들어오는 시스템을 소유하고 있는가, 아니면 시스템의 일부가 되고 있는가의 차이다. 또 하나의 차이점은, 만약 내가 원고 의뢰를 많이 받아서 끊임없이 써 내려간다고 하더라도, 결국 나의 몸은 하나밖에 없다. 적게 자고, 휴식이 없는 삶을 장기간 지속하기는 어렵기 때문에 스스로 해낼 수 있는 업무의 양에는 한계가 있다. 따라서 수입은 어디까지나 **'더하기'**의 수준으로 확대하고 모을 수밖에 없다.

그에 비해 시스템을 소유하고 있는 곤도 씨와 고다 씨는, 본인이 잠들어있는 사이에도 수입이 들어오며, 나아가 시스템을 점차 증식해 나가기 때문에 **'곱하기'**와 같이 수입을 늘려나갈 수 있다. '시스템'을 구축함으로써 얻을 수 있는 것. 그것은 바로 '자유'다. 시스템을 소유하고 있다면, 본인은 움직이지 않아도 저절로 돈이 들어오기 때문에 어디에서 무엇을 하더라도 문제가 없다.

그래서 불현듯 '남미에 가고 싶다'라는 생각이 들면 6개월 정도 여행을 하더라도(이는 나의 욕망에 기초한 가정이다), 아무도 어떠한 곤란한 일을 겪지 않으며 나의 계좌에 계속 돈이 들어오기 때문에 가족들이 경제적으로 힘들어할 일도 없다. … 잠깐만. 이게 바로 '슐리만이 되다'라는 말이 아닌가!

시스템을 만든 사람은 강하다. 취재하면서 나는 막연하게 그렇게 생각하게 되었다. 게다가 서두에서 언급한 친구 T도 "내 주변 사람들도 모두 시스템이라고 말하고 있어"라고 말했다. '이것은 한번 좇아 볼 만한 가치가 있어!' 그렇게 나는 다카하시 씨에게 제안하여 시스템에 대해 조사하기로 했다.

《부자 아빠 가난한 아빠》와 《스무 살에 만난 유대인 대부호의 가르침》이 말하는 것

자신은 거의 움직이지 않아도 저절로 수입이 들어오는 '바람직한' 시스템을 구축한 사람은 그 외에도 있을 것이다. 그렇게 생각한 우리는, 주변 사람들에게 주위에 그런 사람이 없는지 물어보거나, 잡지의 과거 기사나 부(富)와 관련된 서적에서 해당하는 내용부터 조사하기 시작했다. 그 과정에서 깨달은 점은 '많은 사람들이 두 권의 책을 이야기한다는 것'이었다. 바로 로버트 기요사키*의 《부자 아빠 가난한 아빠》(2000), 혼다

---

* 로버트 기요사키(Robert Kiyosaki)

2012년 10월, 로버트 기요사키가 경영하는 회사가 파산했다는 뉴스가 세상을 깜짝 놀라게 했다. 다만 이는 기요사키의 개인 자산을 지키기 위한 계획적 도산이라는 견해도 있다(그것이 옳은지 그른지는 별개의 문제). 회사의 파산이 사실이라고 하더라도, 저자들은 로버트 기요사키의 책에서 확실히 큰 힌트를 얻었으므로, 이에 대해서는 특별히 다루지 않는다.

켄의《스무 살에 만난 유대인 대부호의 가르침》(2004)이다.

여기에서 '앗!? 그렇게 유명한 책을 아직도 읽지 않았다니!'라고 생각하는 사람도 많을 것이다. 지금 손에 들고 있는 이 책처럼 비즈니스 서적을 읽고 있는 사람들에게는 특히 더 그렇다.

부끄러운 이야기지만, 사실 말한 그대로다. 정확하게 말하면 나는《부자 아빠 가난한 아빠》가 화제가 된 2000년쯤에 언뜻 보긴 했다. 그러나 당시에는 '아, 이런 책이구나'라고 생각하는 정도였으며, 솔직히 그다지 인상에 남지 않았다(이 책들은 당시 나의 관심사가 아니었으며, 독해력의 문제도 있었다). 또한《스무 살에 만난 유대인 대부호의 가르침》은 단순히 '유대인'이라는 단어가 들어있는 제목에서 음모사관(일반인이 알고 있는 역사의 뒤에 일부 권력자들이 지배하는 세계가 또 있다는 의미) 떠올라 그때는 책에 손을 대지 않았다(일반적인 유대인에 대해 편견을 갖고 있는 것은 아니므로, 오해하진 않길 바란다).

원래 나는 예전부터 '부의 축적'이나 '자기 계발'과 관련된 책이 왠지 모르게 멀게 느껴지곤 했다. 부의 축적에 대한 강한 의욕을 다른 사람에게 보이거나, 상승하고자 하는 성향을 노골적으로 과시하는 것은 한심하고 볼품없다는 생각이 은연중에 있었음이 틀림없다.

나와 같은 생각을 가지고 있는 사람이 의외로 많을 수도 있다. 예를 들어 누군가 나에게 지하철에서 북커버를 씌우지 않은 나폴레온 힐이나 데일 카네기의 책을 읽을 수 있냐고 물어본다면, 약간 망설이게 되는 것이다.

어쨌든 《부자 아빠 가난한 아빠》(그에 이어지는 〈부자 아빠 시리즈〉), 《스무 살에 만난 유대인 대부호의 가르침》의 내용에 대한 찬반 의론은 존재할 것이며, 두 권의 책을 꼼꼼하게 다시 읽은 지금도, 이들이 과연 좋은 책인지에 대한 판단은 잘 서지 않는다.

하지만 대부분의 시스템 소유자가 이 두 권의 책의 애독자라는 것은 엄연한 사실이다. 그렇기에 두 권에 대한 고찰을 빼놓을 수 없다는 생각에 이르렀다. 지금부터 그 고찰에 대한 내용을 말하려고 한다.

'경제적 자유'란 무엇인가?

그 책들을 아직 읽지 않은 분은 각자 읽어보기로 하고, 두 권의 책에서는 '경제적 자유Financial Freedom'라는 사고방식이 열쇠가 된다. 《스무 살에 만난 유대인 대부호의 가르침》에서는 이를 '자유인과 부자유인'으로 표현하고 있는데, '자유인'을 한 문장으로 요약하면 '경제적 자유'를 실현한 사람이므로, 동일하게 생각해도 된다. 경제적 자립Financial Independence이라고도 부르는 경제적 자유는 도대체 무엇일까?

경제적 자유는, 간단히 말해 '평생 일하지 않아도 수입이 들어오는 상태'를 의미한다. 《부자 아빠 가난한 아빠》에서 저자인 기요사키는 47세에 조기 은퇴했을 때의 상태를 이렇게 쓰고 있다. "은퇴라고 해도 일을 하지 않는 것은 아니다. 나와 아내에게 은퇴란, '예상치 못한 큰 변화가 있을 때를 제외하고는 자유롭게 일을 할지 말지 선택하는 것이며, 나아가 인플레이션의 영향을 받지 않고 우리가 가진 부가 저절로 팽창하는 것'을 의미한다."

또한 기요사키는 《부자 아빠 가난한 아빠 2》(2000)에서 인간은 수입을 얻는 방법에 따라 네 종류의 입장Quadrant으로 분류할 수 있다고 주장했다. 그 네 가지는 다음과 같다.

[E = 종업원]

[S = 자영업자]

[B = 비즈니스 오너]

[I = 투자가]

종업원Employee은 당연히 회사나 관공서 등에 소속되어 노동하는 대가로 급료를 받는 사람을 의미한다. **자영업자**Self-Ownership는 회사나 관공서 등에 소속되지 않고, 스스로 독립해 장사하는 사람을 말한다. 여기에는 작은 회사나 가게, 사무소 등을 경영하는 사람뿐만 아니라 의사나 변호사, 치과의사 등도 포함한다. 저자처럼 프리랜서인 라이터도 S 사분면에 속한다.

그에 비해 **비즈니스 오너**Business Owner는 회사나 여러 개의 매장 등 비즈니스를 소유한 사람이다. S 사분면과의 차이점은, S 사분면은 본인이 그 장소에 없으면 일이 돌아가지 않지만, B 사분면은 우수한 매니저나 종업원을 고용하여 회사의 경영을 맡기고 있다는 점이다.

기요사키는 "간단히 말해 S 사분면의 사람이 '일'을 가지고 있는 것에 비해, B 사분면의 사람은 시스템을 가지며, 그 시스템을 운영하기 위해 우수한 인재를 고용하고 있다"라고 말한다.

다음으로 **투자가**Investor는 사업이나 부동산 등에 투자하여 수입을 얻는 사람을 의미한다. 기요사키는 투자가를 '돈으로 돈을 만들어내는 사람'이라고 표현한다. 다만 그는 스스로 주식을 매매하는 주식 트레이더 등은 투자가라고 부르지 않는다. 기요사키는, 쳇바퀴 경쟁에서 벗어나 경제적 자유를 손에 넣기 위해서는 비즈니스 오너(B) 또는 투자가(I)의 사분면으로 이동해야 한다고 강조한다.

많은 시스템 소유자가 애독한 책

한편 《스무 살에 만난 유대인 대부호의 가르침》에서는 "세상에는 두 종류의 인간만이 존재한다"라고 말한다. 일상적으로 일하지 않으면 생활이 불가능한 사람인 '자유롭지 않은 사람'과 매일 아무것도 하지 않아도 풍요로운 생활을 보낼 수 있는 사람인 '자유인'(경제적 자유를 손에 넣은 사람)이다. 구체적으로 다음과 같이 분류할 수 있다.

[자유롭지 않은 사람]

회사원·공무원, 대기업 사장·임원, 자영업자, 중소기업 경영자, 자유업(의사, 변호사, 회계사 등), 일반적인 스포츠 선수·예술가, 무직자 등

[자유인]

유행하는 레스토랑이나 가게의 오너, 인세를 받는 작가·만화가·예술가, 특허·저작권 등을 가진 사람, MGM 마케팅 Members Get Members Marketing으로 성공한 사람, 아파트나 토지 등 임대료 수입을 얻는 토지 소유자, 유명 스포츠 선수·예술가, 주식·채권·저금의 배당금을 받는 사람 등이다.

다시 말해 자유인이 되기 위해서는 '본인이 없어도 유지되

는 비즈니스 시스템을 만들 수 있는지'의 여부가 열쇠를 쥐고 있다. 여기까지 읽은 이라면 이미 눈치챘겠지만 경제적 자유를 손에 넣는 것, 다시 말해 자유인이 된다는 것은 아버지가 내게 건넨 '슐리만이 되어라'라는 말과 다르지 않다. 이를 실현하기 위해서는, 규모나 수법의 차이는 있지만 '본인은 크게 움직이지 않아도 저절로 수입이 들어오는 시스템', 즉 친구 T나 고다 에이지 씨, 곤도 쓰토무 씨가 말하는 시스템이 필요하다는 말이 된다.

앞에서 서술한 것처럼 저자들이 취재하며 만난 시스템을 창출한 대부분의 사람은 〈부자 아빠 시리즈〉와 《스무 살에 만난 유대인 대부호의 가르침》의 애독자였다. 그런 사실에 나는 '역시'라고 생각하게 되었다. 〈부자 아빠 시리즈〉는 세계적으로 누계 2,600만 부 이상, 《스무 살에 만난 유대인 대부호의 가르침》은 일본에서 100만 부 이상 판매된 엄청난 베스트셀러이므로 그들이 이 책을 읽었다는 사실은 그렇게 놀랄 일이 아닐지도 모른다.

고다 에이지 씨는 인터뷰에서 "《스무 살에 만난 유대인 대부호의 가르침》을 참고했어요"라고 말했다. 실제로 그는 자신의 저서에서 《스무 살에 만난 유대인 대부호의 가르침》에 나오는 '행복한 부자'라는 표현을 사용하고 있다. 호주에서 개최한 기요사키의 세미나에 400만 원을 지불하고 참가했다는 인터뷰 대상자도 있었다. 우리의 취재 이외에도, 인터넷 검색 사이트에 '경제적 자유'라고 입력하면 〈부자 아빠 시리즈〉의 영향을 받아 경제적 자유를 얻기 위해 활동하는 사람들의 개인 사이트도 엄청나게 쏟아져 나온다. 돈에 관한 진지한 생각 없이 지금까지의 인생을 살아온 나는, '다른 사람들은 모두 하고 있었구나'라는 생각에 망연자실할 수밖에 없었다.

단 이 두 권의 베스트셀러를 다시 읽은 결과, 반복해서 말하지만 그 책의 내용에 전면적으로 동의하진 않는다는 것에 유의하기를 바란다. 지금까지 소개한 것처럼 이 책들에는 고개를 끄덕이게 되는 부분도 많지만, '과연 그럴까?'라며 의문이 드는 부분도 꽤 있었다.

예를 들어 〈부자 아빠 시리즈〉는 투자를 하지 않는 사람이나 월급을 받는 생활자를 '쳇바퀴 경쟁'을 하고 있다고 단정 지어 버리거나, (당연히) 미국의 증권이나 부동산 시장에 관해 다루고 있기 때문에 미국 이외의 나라에서는 통하지 않는 사고방식이 많다는 비판도 분명히 있다. 다만 어떠한 의구심도 갖지 않고 모든 것을 신뢰하는 행위가 위험하다는 것은 이 책뿐만이 아니라 어디에나 해당한다.

'시스템'의 정의 - 무엇을 시스템으로 만들 것인가

〈부자 아빠 시리즈〉나 《스무 살에 만난 유대인 대부호의 가르침》과 같은 책이 인기 있다는 말은 '경제적 자유'를 손에 넣기를 갈망하는 사람이 그만큼 많다는 뜻일 것이다. 그렇기 때문에 앞에서 말한 대로 '한 번 만들어 두면 본인은 거의 움직이지 않아도 저절로 수입이 들어오는 구조', 다시 말해 시스템이 필요해지는 것이다.

다만 시스템이라는 한 단어만으로는, 저자(아라하마와 다카하시)를 비롯한 많은 이들에게 도대체 시스템이 무엇인지, 또한 구체적으로 어떻게 시스템을 만들어야 하는지 설명하지 못한다. 그래서 실제로 시스템을 구축한 사람들의 이야기를 듣고, 그를 케이스 스터디로 다루면서 시스템 구축의 요점을 고찰해 보자는 것이 이 책의 콘셉트다.

우리는 우리가 정의한 시스템을 만든 사람에게 연락하여, 질문하고 이야기를 듣는 작업을 진행했는데, 그러면서 〈시스템이란 무엇인가?〉에 대해 더욱 깊게 고찰할 필요성을 느꼈다. 시스템이란 '한 번 만들어 두면 본인은 거의 움직이지 않아도 저절로 수입이 들어오는 구조'라는 기본 정의는 변하지 않는다. 그러나 취재를 진행하면서 '이것을 시스템이라고 말할 수 있는가?' 혹은 '이것을 시스템이라고 이 책에서 소개해도 괜찮은 것인가?'라는 질문을 던져야 하는 상황이 몇몇 있었다. 이 부분에 대해서는 두 저자가 철저하게 의견을 나누었다.

대표적인 예로 편의점이나 햄버거 가게 같은 프랜차이즈 비즈니스가 있다. 프랜차이즈 비즈니스는 이미 성공한 사업을 패키지화하여, 그 비즈니스를 새롭게 시작하고 싶은 사람에게 사용권을 판매하고, 나아가 대부분은 매출의 일정 비율을 로열티라는 명목으로 거두어들이고 있다.

매력적인 비즈니스 모델을 개발하여 프랜차이즈 본부 Franchisor가 되면, 실제로 매장을 운영하는 프랜차이즈 가맹점 Franchisee으로부터 매월 로열티가 들어오기 때문에 시스템이라고 부르지 못할 것도 없다. 그러나 우리는 최종적으로 프랜차이즈 비즈니스를 시스템에 포함하지 않기로 했다. 대부분의 프랜차이즈는 비즈니스 사용권을 판매한 이후에 '자동으로' 로열티가 들어오는 것이 아니라, 본사의 이미지를 유지하기 위한 매장 관리나 가맹점 교육 등이 필요하기 때문이다. 꽤 많은 수고와 노력을 투자해야 하므로 여기에서는 시스템이라고 말하지 않는다(반대로 '그런 수고가 전혀 필요하지 않은 프랜차이즈 모델을 개발했다'라는 사람, 혹은 그런 사람을 알고 있는 사람이 있다면 부디 저자들에게 알려주길 부탁한다).

네트워크 비즈니스(MGM 마케팅)도 시스템에서 제외했다.

비즈니스를 구축하고 자신이 만들어 낸 유통 범위가 넓어질수록 자동으로 돈이 들어오는 네트워크 비즈니스는 시스템과 비슷해 보인다. 네트워크 비즈니스는 로버트 기요사키가 《부자 아빠의 비즈니스 스쿨》(2003)이라는 책을 낼 정도이며, 《스무 살에 만난 유대인 대부호의 가르침》에서도 '앞으로 일본에서도 분명히 확장될 것'이라며 호의적으로 언급하고 있다. 그러나 솔직히 저자들은 네트워크 비즈니스에 관한 '수상하고 의심쩍은' 이미지를 아직 버리지 못했다.

이는 논리성 없는 생각이라는 비판을 기꺼이 받아들인다. 그러나 네트워크 비즈니스로 성공하고 싶은 사람은 그에 관한 방법이 담긴 책이 많이 출간되고 있으니 그것을 참고하거나, 여러분이 원하면 관련된 성공 경험을 이야기해 주는 사람도 매우 많으므로 그에 초점을 맞추길 바란다.

'경제적 자유(자립)'를 얻기 위해 빼놓을 수 없는 것이 '투자'라고 하지만 이 책에서는 주식 투자에 관해 다루지 않는다. 앞에 등장하는 로버트 기요사키의 말처럼, 최근 유행하는 당일 거래자 등을 비롯한 주식 트레이더는 대부분 계속 주가를 지켜보아야 하므로 '자동으로 돈이 들어온다'고는 말할 수 없기 때문이다. 물론 주식 투자는 '경제적 자유'를 얻기 위한 매우 효율적인 수단이라고 생각하지만, 이에 대해 끝까지 파고들고 싶다는 사람이 있다면 서점에 넘쳐나는 '주식 투자 지침서'를 하나하나 읽어보는 것을 추천한다.

거액의 자금이나 뛰어난 재능은 필요 없다

게다가 어디까지나 이 책의 예상 독자는 소위 '보통 사람'이므로, 시스템을 구축하는 데 거액의 자금이 필요하거나 뛰어난 인재를 채용하는 등 큰 리스크를 부담해야 하는 일에 대해서도 거론하지 않는다.

《스무 살에 만난 유대인 대부호의 가르침》에는 '미국의 평균적인 억만장자는 대부분 부를 축적하기까지 한 번 정도 파산한다'라는 이야기가 나오는데, 계속해서 말하지만 일본은 패자 부활이 매우 어려운 나라지만, 미국은 그 사정이 전혀 다르다.

마찬가지로 시스템을 만들기 위해 특별한 기술이나 재능이 필요하다는 말도 독자에게는 아무런 도움도 되지 않으므로 제외했다. 예를 들어 싱어송라이터이자 음악 프로듀서인 우타다 히카루(宇多田 ヒカル)가 지금까지 발매한 음반의 인세로 평생 돈으로 곤란하지 않을 정도의 시스템을 만들었다고 하더라도, 누구나 그와 같이 될 수 없다는 것은 너무나 자명한 사실이다.

그러므로 이 책에서는 **'보통 사람'이 혼자서, 최대한 적은 자본과 낮은 리스크로 실현할 수 있어야 한다는 점**을 시스템의 정의로 추가했다. 케이스 스터디에서 만날 시스템을 구축한 사람들도 (약간의 예외는 있지만) 기본적으로 이 조건에 맞는 이들이다. 너무 중요한 부분이니 다시 한 번, 이 책에서 말하는 시스템의 정의를 정리해 보겠다.

- **시스템이란 한 번 만들어 두면 본인은 거의 움직이지 않아도 저절로 수입이 들어오는 구조를 말한다.**

- **게다가 시스템은 '보통 사람'이 혼자서, 최대한 적은 자본과 낮은 리스크로 실현할 수 있어야만 한다.**

이러한 시스템을 확장하거나, 아니면 여러 개 만들어 궁극적으로 '경제적 자유'를 실현하는 것이 이 책의 목표다.

왜, 지금, 시스템일까? – 시대의 필연

그렇다면 왜, 지금, 시스템 구축을 목표해야만 하는지에 대해서도 다시 한번 생각해 보고 싶다. 우리는 시스템 구축을 경제적 자유를 지향하기 위한 수단이라고 생각하고 있으므로 위의 질문은 '왜 지금 경제적 자유를 지향해야 하는가?'라고 바꿀 수 있다. 시스템에 의해 '본인은 움직이지 않아도 수입이 저절로 들어오는 상태'를 실현할 수 있다는 것은 매우 편하고 바람직한 이야기로, 평생 하고 싶은 일만 하고 살아갈 수 있다면 그만큼 즐거운 이야기는 없을 것이다. 단순히 이것이 하나의 이유가 된다.

익히 알고 있는 것처럼 미국 등에서는 조기 은퇴Early Retirement(이는 앞에서 서술한 로버트 기요사키의 표현처럼 '전혀 일을 하지 않는다'라는 의미가 아니다. '일을 할지 말지의 선택은 본인의 자유'인 상태를 말한다)를 이루는 것이야말로 성공한 사람의 상징으로 여겨진다. 경제적 자유(혹은 경제적 자립)의 중요성을 강조하는 다치바나 아키라(橘玲)와 '해외 투자를 즐기는 모임'이 공동 집필한 《세상에 하나밖에 없는 '황금 인생 설계'》(2003)에서는 이렇게 기술하고 있다.

"모든 인간은 자유를 동경하기 때문에, 미국의 젊은 사업가들은 조금이라도 빨리, 가능하다면 20대에 경제적 독립을 달성하는 것을 인생의 첫 번째 목표로 삼고 있습니다. 목표대로 '독립'한 이후에 어떻게 살아갈 것인지는 그야말로 '자유롭게' 선택하면 되는 것입니다."

이런 장밋빛의 긍정적인 이유뿐만 아니라, 우리에게는 무슨 일이 있어도 경제적 자유를 실현해야만 하는 보다 절박한 이유도 있다. 그 주요한 요인은, 거품 경제가 붕괴한 이후 일본에 찾아온 경제 환경의 극적인 변화다. 더 단적으로 말하자면, 일본 기업의 종신 고용제의 붕괴와 공적 연금 제도의 파탄에 대한 우려다.

종신 고용제의 시대에는 특별한 이유가 없는 한, 회사가 정년을 보장해 주었다. 안심하고 인생을 회사에 맡길 수 있었다. 그러나 오늘날 그런 이야기는 농담으로도 할 수가 없다. 아무리 회사에 충성을 맹세한다고 하더라도 실적이 떨어지면, 기업은 매우 간단하게 해고라는 이름으로 한 치의 용서도 없이 직원을 내보낼 수 있다는 사실이 긴 불황의 시대에 뚜렷하게 드러났다. 이러한 공포로부터 근본적으로 도망치기 위해서는 '경제적 자유'를 실현할 수밖에 없다.

지금 이대로라면 공적 연금 제도가 더 이상 버틸 수 없을 것이라는 사실은 누가 보아도 명확하다. '전혀 지급되지 않는' 상황까지는 아니지만, 연금의 지급 개시 연령을 더 높이거나 지급액을 줄일 가능성이 높다. 앞에서 나온 《세상에 하나밖에 없는 '황금 인생 설계'》(2003)의 저자는 다음과 같이 말한다.

"일본의 경우, 현역에서 은퇴한 이후의 생활이 공적 연금에 의해 보장되었기 때문에 지금까지 사람들은 경제적 자립을 그다지 의식하지 않았습니다. 국가의 힘으로 누구나 '자립(독립)'할 수 있다면 그런 생각을 할 필요가 없기 때문입니다."

유감스럽게도 이런 풍족했던 시대는 이미 지나가 버렸다. 우리는 이제, 국가를 포함해 그 무엇에도 의지하지 않는다는 전제하에 자신의 인생을 설계해나가는 것, 다시 말해 '경제적 자유(자립)'의 실현을 보다 진지하게 고민해야 할 필요가 있다.

게다가 이제, 아무리 회사 실적이 좋아도 그것이 직원의 월급에 반영되지 않는 시대가 본격적으로 왔다는 점도 '경제적 자유'를 추구해야 하는 이유라고 할 수 있다. 앞서 〈들어가며〉에서도 서술한 것처럼, 만약 업적이 향상되었다고 하더라도 그 이익은 국제 경쟁력이나 수익성을 높이기 위해 사용하거나, 기업 보호를 위해 주주에게 환원되기 때문이다. **아무리 열심히 일해도 월급이 오르지 않는 상황은, 마치 계속 쳇바퀴를 달리는 햄스터와 다르지 않다.** 이런 상황 속에서 우리가 할 수 있는 것, 그것은 바로 시스템 구축을 향해 한 걸음을 내딛는 것밖에 없다.

'시스템'의 다섯 가지 카테고리

다양한 방법으로 이곳저곳 열심히 조사한 결과, 우리는 스스로 시스템을 만들어 낸 10명을 찾아낼 수 있었다. 실제로 우리는 더 많은 사람을 만났다. 하지만 앞에서 언급한 시스템의 정의에 대한 우리의 기준에 비추어 이야기를 들은 결과, 유감스럽게도 이 책에는 싣지 못하게 된 사례들도 다수 있었다. 이 책에 등장하는 10명이 만들어 낸 시스템은 각각 굉장히 개성이 강한데, 우리는 그것을 크게 다섯 가지 카테고리로 분류하였다.

① 인터넷 비즈니스

인터넷 비즈니스는 그 범위가 매우 넓지만, 이 책에서는 어디까지나 '자동화 시스템'을 실현하기 위한 도구로 이용되는 인터넷을 다루고 있다. 인터넷을 통해 자동으로 수익을 창출한다고 말하면 많은 사람이 제휴 마케팅Affiliate*을 떠올릴 것이

---

* 제휴 마케팅
이 책에서는 제휴 마케팅을 '홈페이지 관리에 노력과 수고가 필요하며, 얻을 수 있는 이익도 그리 크지 않다'라고 언급했지만, 이후 저자들은 그것이 제휴 마케팅에 대한 부족한 인식으로 해석한 것이라는 사실을 깨달았다. 이 부분에 대해서는 이 책의 후속작인 《역시 시스템을 만든 사람이 이긴다》에서 상세하게 다루고 있으므로 참고하기를 바란다.

다. 제휴 마케팅은 자신의 사이트에 기업 등의 광고를 게재하고, 그 광고를 통해 상품이 팔리면 수수료를 받는 형태의 비즈니스다.

그러나 이러한 방법으로 돈을 벌기 위해서는 부지런히 사이트를 갱신하여 사용자의 접근을 증가시키려는 노력이 필요하며, 이익을 얻을 수 있는 액수도 그다지 크지 않다. 그래서 이 책에서는 제휴 마케팅에 대해 다루지 않기로 했다. 제휴 마케팅이 아닌 다른 방법으로, 수고를 적게 들이면서 거액의 이익을 얻고 있는 사람이 반드시 있기 때문이다. → Chapter 2

② 정보 기업

정보 기업이란 이름 그대로 '정보'를 상품으로 취급하는 비즈니스다. 자신(혹은 타인)이 가지고 있는 정보나 경험을 매뉴얼 또는 교재로 정리하여 판매하거나, 세미나를 개최하여 이익을 얻는 형태다. 상품은 이미 자신의 머릿속에 있으므로 상품 매입 등의 비용이 전혀 발생하지 않는다. 비용은 오직 교재 인쇄비나 배송비 정도다. 게다가 대부분 온라인 판매 형태를 취하기 때문에 오프라인 매장이나 직원도 필요하지 않으므로 이익률이 매우 높다는 점이 특징이다. 정보 기업은 악덕 업자가 알맹이가 없는 상품을 판매하는 등의 문제가 있지만, 반대

로 열심히 임하는 사람도 아주 많아 주목받는 형태의 비즈니스다. → Chapter 3

③ 비즈니스 오너

자신의 비즈니스를 소유하고 있으며, 우수한 관리자 등에 그 운영을 맡김으로써 본인은 움직이지 않아도 수입이 발생하는 비즈니스 오너는, 시스템의 가장 뛰어난 사례라고 할 수 있다. 그러나 실제로 비즈니스 오너가 되면 자금이나 사람의 관리 등 많은 난관에 직면한다. 그 문제를 얼마나 해결할 수 있는지가 포인트다. → Chapter 4

④ 투자

앞에서 서술한 것처럼 주식 투자는 이 책에서 다루지 않지만, 부동산 투자에 관해서는 소개한다. 그것도 평범한 직장인이 아무것도 없는 상태에서 부동산 투자를 시작해 성공한, 이른바 '직장인 건물주'의 사례다. 엄밀히 말하면 막대한 자본이 필요하다는 점에서 이 책에서 말하는 시스템의 정의와는 다소 거리가 있지만, 고다 에이지 씨의 사례는 이 책을 기획하면서 매우 큰 영감을 받았기 때문에 그의 개인 벤처 투자 사업에 관해서도 소개한다. → Chapter 5

⑤ 발명

발명은 자신이 떠올린 아이디어를 제품화하고, 상품이 하나 팔릴 때마다 일정 비율을 로열티로 받는 등 오랜 기간에 걸쳐 지속해서 수입을 얻을 수 있는 방법이다. 언뜻 보기에는 쉽지 않아 보이지만, 제품화라고 해서 제품을 반드시 직접 제작할 필요는 없으므로, 아이디어 하나로 크게 성공할 수 있다.

→ Chapter 6

다음 장부터는 시스템을 구축한 10명의 실제 사례를 위의 다섯 가지 카테고리로 나누어 소개한다. 일단 꼼꼼히 읽어보고, 시스템을 만들기 위해서는 무엇이 필요한지 함께 고민해 보자. 〈들어가며〉에서 본 것처럼 그들이 하는 것이나 과거에 이미 한 것을 단순히 그대로 모방한다고 해도 반드시 성공을 확신할 수는 없다. 어디까지나 시스템을 만들기 위한 '깨달음' 정도로 참고하여, 우리는 각자 독자적인 시스템을 창출해야만 하는 것이다. 자, 그러면 지금부터 시스템을 만들어 낸 10명의 케이스 스터디를 시작해 보자. 어쩌면 당신의 인생을 크게 변화시킬지도 모르는 시스템의 세계에 발을 들인 것을 환영한다.

시스템 구축
케이스 스터디

① 인터넷 비즈니스

▶▶ 시스템을 만들기 위한 파트너로 인터넷만큼 의지가 되는 것은 없다. 한 번 홈페이지를 만들면, 홈페이지는 알아서 '영업', '광고 홍보', '수주' 등 24시간, 365일 쉬지 않고 모든 역할을 해나간다. 물리적으로 고객을 방문할 필요도 없고, 시장도 세계적으로 확장된다. 게다가 필요한 것은 컴퓨터와 인터넷 접속 환경, 홈페이지를 운영하기 위한 서버 이용료 정도이며, 그 비용도 매우 낮다. 그러므로 인터넷 비즈니스를 이용하지 않을 이유는 없다.

▶▶ 실제로 인터넷을 활용한 각종 비즈니스는 최고점에 도달했다. 하지만 인터넷은 어디까지나 시스템을 구축하기 위한 인프라에 불과하다. 무엇보다 그 인프라를 통해 '무엇을', '어떻게 팔 것인지'가 중요하다.

▶▶ 그런 의미에서 이번 챕터에서 소개하는 5명은 인터넷의 특성을 충분히 활용할 수 있는 상품과 서비스를 직접 아이디어로 고안하여, 본인은 거의 움직이지 않고도 엄청난 수익 창출에 성공했다. 지금부터 그들의 아이디어에 주목해 보자.

저절로 수입을 낳는
공항 주변 주차장의
정보 사이트

중요한 것은
승리하는 시장을
찾는 것입니다.

곤도 쓰토무

예약할 때마다 중개 수수료가 들어온다

곤도 쓰토무 씨는 일본의 모든 공항 주변에 위치한 민영 주차장 정보를 모은 포털 사이트를 운영한다. 계약을 맺은 주차장으로부터 광고 게재 수수료를 받고, 덧붙여 해당 사이트를 통해 주차장 예약이 들어올 때, 한 건당 10% 대의 예약 중개 수수료를 받는다. 사이트 이용자의 주차장 예약은 시스템으로 자동화되어 있어, 특별한 노력과 시간을 쏟을 필요가 전혀 없다. 40개 이상의 주차장 업체와 계약을 맺고 있어, 평균 월 매출 1,000만 원, 연 매출 1억 원 이상을 벌어들인다.

곤도 씨기 구축한 시스템의 핵심은 무엇일까? 바로 하네다, 나리타, 간사이 등 일본의 모든 공항 주변에 위치한 민영 주차장의 정보를 수집한 포털 사이트(주차 사이트, http://www.element.gr.jp/parking)다. 계약을 맺은 주차장 업체에게 받는 광고 게재 수수료 이외에도, 주차장을 찾고 있는 사람이 '주차 사이트' 홈페이지를 통해 링크된 각 주차장 홈페이지로 접속하여 예약을 완료하면, 10%대의 예약 중개 수수료를 받는다.

한 건당 중개 수수료는 몇 천 원 정도. 단 주차사이트는 업계의 다른 회사들보다 먼저 이런 홈페이지를 구축했다는 선행자 메리트가 있어, 예약 중개 건수가 상당히 많다. 계약한 주차

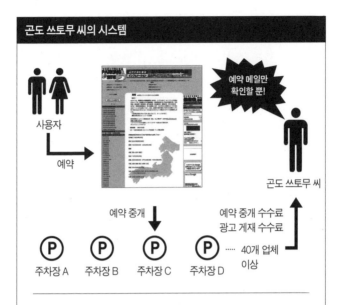

곤도 쓰토무 씨의 시스템

사용자

예약

예약 메일만
확인할 뿐!

곤도 쓰토무 씨

예약 중개

예약 중개 수수료
광고 게재 수수료

(P) 주차장 A　(P) 주차장 B　(P) 주차장 C　(P) 주차장 D　····　40개 업체
이상

곤도 쓰토무 씨는 일본의 모든 공항 주변에 위치한 민영 주차장 정보를 모은 포털 사이트를 운영한다. 계약을 맺은 주차장으로부터 광고 게재 수수료를 받고, 덧붙여 해당 사이트를 통해 주차장 예약이 들어올 때, 한 건당 10%대의 예약 중개 수수료를 받는다. 사이트 이용자의 주차장 예약은 시스템으로 자동화되어 있어, 특별한 노력과 시간을 쏟을 필요가 전혀 없다. 40개 이상의 주차장 업체와 계약을 맺고 있어, 평균 월 매출 1,000만 원, 연 매출 1억원 이상을 벌어들인다.

장 수는 40개 업체 이상. 여름과 같은 성수기에는 하네다 공항에서만 월 1,000대 이상의 예약이 이루어지는 경우도 있다.

광고 게재 수수료와 예약 중개 수수료를 합한 평균 월 매출은 1,000만 원이며, 가장 높았을 때는 1,800만 원이 되는 달도 있었다. 연 매출은 가볍게 1억 원을 뛰어넘는다. 컴퓨터 한 대만으로도 할 수 있고 대규모 설비투자나 상품 재고와도 관련 없으며, 사무실은 결혼 전에 살던 본가의 방 하나면 된다. 인건비도 곤도 씨 본인과 부업으로 사이트 구축을 도와주는 형님밖에 없다. 그렇기 때문에 이익률이 매우 높다. 특히 주목해야 할 부분은, 이러한 주차장 정보 사이트는 곤도 씨가 큰 수고를 들이지 않아도 수익이 창출되는 구조를 확립하고 있다는 점이다.

"사이트 이용자의 주차장 예약은 당연히 시스템에서 자동으로 이루어집니다. 저는 주차장 업체와 저에게 전달되는 예약 메일을 확인하는 것밖에 없습니다. 제가 하는 일은 필요할 때 주차장 업체와 전화나 메일을 주고받는 정도죠. 아, 물론 저에게도 예약 메일이 발송되기 때문에 주차장 업체가 예약 건수를 줄여서 보고하는 일은 있을 수 없습니다."

빙긋 웃는 곤도 씨. 이것이 바로 전형적인 시스템이라고 할 수 있다.

'계약하면 홈페이지를 무료로 만들어 드립니다' 라는 제안

'주차사이트'의 설립은 2000년. 당시 곤도 씨는 전문학교를 졸업하고 자동차 딜러로 일하다가, 건강상의 이유로 퇴직한 후 나리타 공항 근처의 민영 주차장에서 아르바이트를 하고 있었다.

"그때 저는 주차장 업계가 IT를 전혀 활용하고 있지 않다는 점을 깨달았습니다. 항공권이나 호텔, 여행 등은 얼마든지 인터넷으로 예약할 수 있지만, 공항 주변의 주차장 정보는 너무 적었습니다. 그래서 어느 주차장이 얼마의 가격으로 어떤 서비스를 제공하고 있는지 비교할 수 없어 불편함을 겪는 사람이 매우 많았습니다.

홈페이지가 있는 주차장 업체라면 그나마 다행이지만, 예를 들어 홈페이지가 있다고 하더라도 대부분 사이트에 올라와 있는 정보가 빈약했습니다. 주차장 예약은 거의 여행사의 소개에 의존하는 듯한 상황이었습니다."

이용자와 주차장 업체에 모두 니즈가 있으니, 그들을 연결하면 반드시 비즈니스가 될 것이라고 직감한 곤도 씨는, 즉시 혼자 힘으로 사이트를 개설하기 시작했다. 하지만 그 직후 아르바이트 생활을 마무리하고 광고 대행사에 취직하면서, '주차사이트'는 주말에만 업무를 처리하는 '주말 기업'의 형식을 취할 수밖에 없었다.

"그래서 영업 활동은 평일 밤이나 주말밖에 할 시간이 없었습니다. 일본의 모든 공항 주변의 주차장에 모조리 메일을 보냈습니다. 가끔 본업이 끝난 후, 밤늦게 하네다 공항 주변의 주차장 업체를 방문하기도 했습니다."

반응은 처음부터 뜨거웠다. 곤도 씨는 주차장에서 아르바이트를 한 경험 덕분에 업계 사정을 훤히 알고 있어서 업체와 이야기를 하다가 일종의 컨설팅을 해주기도 했는데, 이를 계기로 계약을 맺은 업체도 많았다고 한다. 그리고 곤도 씨가 한 가지 더 내세운 것은 홈페이지가 없는 주차장 업체에게 '주차 사이트 홈페이지에 주차장 정보를 게재하기로 계약하면, 홈페이지를 무료로 제작해 준다'라고 제안하는 것이었다.

"주차 사이트는 애초에 이용자가 예약하면 중개 수수료를 받는, 완전히 성과에 대한 보수입니다. 이에 추가로 홈페이지 제작까지 무료로 해준다면 주차장 업체 측에서는 리스크가 전혀 없습니다. 그래서 '그러면 한번 해볼까?'라고 생각하게 되는 것입니다.

홈페이지 제작에 많은 수고와 노력이 필요하다고 여길지도 모르지만, 제작 프로그램 템플릿만 잘 사용하면 홈페이지 하나를 만드는 데 2시간 정도밖에 소요되지 않습니다. 게다가 무료로 진행되므로 디자인 등을 까다롭게 주문하는 일은 거의 없습니다."

하지만 주말 기업이라 할애할 수 있는 시간이 한정적이기 때문에, 큰 노동력을 들이지 않아도 저절로 이익을 창출할 수 있도록 구축하는 것이 과제였다. "수익의 높고 낮음이 너무 극단적이면 대응하기가 어렵기 때문에, 꾸준하게 안정적인 수익을 얻을 수 있어야 한다는 것이 조건이었습니다. 그래서 예약 중개 수수료나 광고비를 낮게 설정하는 대신, 주차장 업체가 계약을 자동 갱신하도록 부탁했습니다.

사이트에는 전화번호도 게재되어 있기 때문에, 당연히 전화로 예약을 하는 고객도 있습니다. 그들이 우리 사이트를 경유하게 만든다면 보다 큰 이익을 얻을 수 있을 테지만, 자동화가 어렵기 때문에 전화 예약 건에 대해서는 일부러 제외하기로 했습니다."

요약하면 **시간적인 제약 때문에 시스템을 만들어낼 수밖에 없었는데, 결과적으로 그것이 효과를 냈다**는 것이다. 개업 후, 착실하게 실적을 늘려간 곤도 씨는 2004년 3월에는 10원 기업

제도를 이용하여 유한회사 엘리먼트(2007년 5월 주식 상장)를 설립했다. 2006년 1월에는 근무했던 광고 대리점을 그만두고, 이 비즈니스를 본업으로 삼았다. 하나의 시스템을 소유함으로써 인생을 극적으로 변화시킨 매우 좋은 사례다.

후발 주자가 따라갈 수 없는 이유

성공의 냄새를 맡고, 어디부터라고 할 것 없이 똑같은 사업을 시작하려는 사람이 등장하는 것은 이 세상의 통례다. 실제로 선행자인 곤도 씨가 만든 공항 주변 주차장 예약 사이트를 따라 하는 자들도 여럿 등장했다. 그러나 곤도 씨는 여유로운 표정으로 다음과 같이 말하며 개의치 않았다.

"홈페이지를 개설하자마자 바로 폐쇄해 버리는 곳이 많은 것 같아요." 그는 어째서 이렇게 강한 것일까? 단순히 '선행 메리트를 누리고 있기 때문'이라는 이야기가 아니다.

첫 번째 이유는, 앞에서 서술한 것처럼 곤도 씨는 과거의 아르바이트부터 컨설팅까지 경험을 살려 부가가치가 있는 제안을 할 수 있다는 점이다. "이야기를 나누다 보면 '이런 고민이 있는데 혹시 아이디어 있을까요?'라며 상담을 요청하는 경우가 많습니다. 솔직히 주차장 예약과 관련된 다른 기업들은 여

**행사 등의 홈페이지에서 관리하는 일이 많아, 이런 상담에 대
응하기가 어렵습니다.**"

또 다른 이유는, 앞에서 말했듯 현재 계약을 맺은 많은 주차
장의 홈페이지를 무료로 개설해 주고 있다는 점이다. 사실 곤
도 씨는 단순히 홈페이지만 만들어주는 것이 아니다. 제작 이
후에 홈페이지 수정이나 리뉴얼을 포함하여 전체적인 도메인
관리를 맡고 있다. 이렇게 곤도 씨가 완전히 고객 사이트의 관
리까지 꼼꼼하게 대응하고 있기 때문에 다른 포털 사이트는
손을 뻗을 수가 없다.

포털 사이트의 생명이라고 말할 수 있는 것이 바로 고객 모
집이다. 곤도 씨는 특히 고객 모집을 위해, 오늘날 인터넷으로
비즈니스를 하기 위해 빼놓을 수 없다고도 말하는 SEO^Search
Engine Optimization(검색 엔진 최적화) 대책에 철저하게 매진하고
있다.

예를 들어 구글에서 '공항 주차장'이라는 키워드를 입력하
면, 광고 사이트를 제외하고, 곤도 씨의 주차 사이트가 항상
상위에 노출된다. 이렇게 사이트에서 상위로 노출되면 당연
히 효과적으로 고객을 모집할 수 있다. 이에 대해 곤도 씨는
이렇게 말한다.

"SEO의 기본은 다른 사이트의 링크를 많이 연결하는 것입

니다. 우리는 많은 주차장 업체의 홈페이지를 개설하고 도메
인까지 관리하고 있기 때문에 이를 효과적으로 활용하고 있
습니다."

축적한 노하우를 바탕으로 최근에는 고객을 대상으로 하는
완전성과 보수형인 SEO 컨설팅 서비스까지 제공하고 있을 정
도다.

"다시 말하면 우리는 고객에게 홈페이지 관리와 고객 모집
까지 지원하고 있습니다. '고객을 모으는 외교관'에 가깝다고
할 수 있지요. 게다가 우리는 하나의 포털 사이트를 개설하는
데 100만 원 이하의 저비용 경영을 하고 있기 때문에, 눈앞의
이익을 무리하게 추구하지 않아도 되고, 저렴하면서도 고객에
게 정말로 효과가 있는 광고나 서비스만을 추천할 수 있습니
다. 그러므로 크게 운영하지 않더라도 오랜 기간 유지해 주는
고객이 많습니다." 이는 마치 견고한 반석과 같은 시스템이다.

이미 제2의, 제3의 시스템을 만들다

주차장 포털 사이트라는 하나의 시스템을 만들어낸 곤도
씨. 기업의 독립도 달성하여, 그다음 단계로 제2의 시스템과
제3의 시스템 구축을 목표하고 있다. 실제로 최근 몇 개월 동
안, 곤도 씨는 매우 열정적으로 움직였다. 여행 관련 업계에만

머무르지 않고, 해외 유학 관련 자료의 일괄 청구 사이트, 전화 대행업자의 무료 일괄 견적·자료 청구 사이트, 세무사·공인회계사의 일괄 상담 사이트 등 계속해서 새로운 포털 사이트를 개설했다. 전부 **포털 사이트를 통해 각 사업자에게 자료 청구와 문의 등이 있으면 중개 수수료를 받는 비즈니스 모델로,** 그 기본은 주차장 포털 사이트와 동일하다.

특히 주목해야 할 부분은 이 업계를 선택한 곤도 씨의 '안목'이다. 곤도 씨가 이런 업계들을 선택한 이유는 무엇일까?

"일단 기본적으로 틈새시장을 노리고 있습니다. 해외 유학 소개, 전화 대행업, 세무사·공인회계사 등의 업계는 언뜻 보기에 아무런 관계가 없는 것처럼 보이지만, 사실 명확한 공통점이 있습니다. 바로 영업 담당자가 직접 영업하는 것이 아니라 '자료 청구 혹은 문의하러 온 사람을 영업한다'라는 생각으로 고객을 기다리며 영업하는, 광고에 의존적인 업계라는 점입니다.

그런 기업들이 대기업 포털 사이트에 광고를 낸 후, 비용 대비 효과 측면에서 의문을 느끼는 것 같을 때, 우리와 같은 완전성과 보수로 제안하면 계약까지 이루어질 가능성이 매우 높습니다."

사이트를 운영하는 데 시간을 빼앗기지 않기 때문에 새로운 사업 계획을 고민할 시간을 충분히 확보할 수 있다는 곤도 씨. 앞으로는 한 달에 하나씩 다른 주제의 사이트를 만들고 싶다고 말한다.

"최근에는 사이트를 운영하는 데 어려움을 느끼면, **사이트 매매 서비스를 활용하여 매각할 수 있으니까요. 일단 한번 시도해 보는 것도 손해는 아니라고 생각합니다.**"

'회사를 크게 키우고 싶은 마음은 있다. 화려하지 않아도 괜찮으니 상장까지만 할 수 있었으면 좋겠다'라며 미래를 그리는 곤도 씨. 그는 '독립한 이후에 시간상 여유가 생겨, 아이의 성장을 꾸준하게 지켜볼 수 있게 되어 기쁘다'라며 웃음을 지었다. 시스템으로 비즈니스에서의 꿈과 충실한 사생활을 모두 손에 넣은 곤도 씨는 앞으로 한 발짝 더 나아가려고 하고 있다.

곤도 쓰토루 씨에게 배우는 시스템 구축의 비결

① 틈새시장 중에서도 '승리하는' 시장을 찾는다.

② 홈페이지 개설을 대행하는 등 부가가치가 높은 서비스로 확실히 고객을 붙잡는다.

③ 눈앞의 이익만 좇지 말고, 고객 지향적인 태도로 신용을 얻는다.

시스템 데이터 파일 1 　　　　　　　　　　　곤도 쓰토무(Tsutomu Kondo)

▶ 레이팅(Rating)

사이트 이용자가 주차장을 예약할 때
마다, 아무것도 하지 않아도 저절로 예
약 중개 수수료가 들어온다. 수수료는
한 건당 몇천 원 정도지만, 고객이 되는
주차장을 많이 끌어들여, 예약 건수를
늘림으로써 충분한 이익을 얻을 수 있
다. 홈페이지는 직접 제작하기 때문에

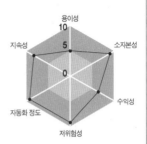

비용이 적으며, 각 주차장 홈페이지의 도메인 관리까지 책임지고 있어 계약
유지 비율도 높다. 이것이 바로 전형적인 시스템이라고 할 수 있다. 다만 고
객 유치를 위해 업계 사정을 잘 알고 있어야 한다. 자신이 자신 있는 분야에
서 경쟁하는 것이 핵심이다.

▶ 시스템(System)

포털 사이트를 통한 자동 예약 중개에 의한 시스템

▶ 카테고리(Category)

인터넷 비즈니스

▶ 만든 이(Maker)

곤도 쓰토무

▶ 프로필(Profile)

1976년 출생. 전문학교 졸업 후, 자동차 딜러로 3년간 근무했다. 퇴직 후 하
네다 공항 근처의 주차장에서 아르바이트를 하며, 2000년에 공항 주변 주
차장의 정보 포털 사이트 '주차 사이트'를 개설했다. 그 후 광고대행사 근무
를 거쳐, 2004년 3월에 유한회사 엘리먼트(Element)를 설립하였으며, 엘리
먼트는 2007년 5월 상장하였다.

▶ URL

주차 사이트 홈페이지 http://www.element.gr.jp/parking
주식회사 엘리먼트 홈페이지 http://www.element.gr.jp

**"주차장 포털 사이트의 시스템을 바탕으로
비즈니스를 다각화"**

처음 곤도 씨를 만나 취재했을 때, 그는 이미 자신의 회사인 주식회사 엘리먼트를 설립한 상태였다. 당시 사무실은 일본 야마자키 시에 위치한 본가의 방 한 칸이었다. 하지만 지금은 도쿄 시부야역과 매우 가까운 빌딩에 자리잡고 있으며, 사원 한 명과 아르바이트 2명도 고용하고, 작지만 회사로서의 짜임새는 갖추고 있다. "아니요, 함께 경영하고 있는 다른 회사와 사무실을 공유하고 있어 그리 대단한 것은 아닙니다." 이렇게 겸손하게 말하는 곤도 씨. 그렇지만 그 미소에는 기업가로서 순조롭게 나아가고 있다는 자신감을 엿볼 수 있다.

계약 주차장의 수는 감소, 매출은 오히려 증가

〈챕터 1〉에서 말한 것처럼, 곤도 씨가 혼자 힘으로 만들어 낸 공항 주변의 민간 주차장 포털 사이트에 대한 어느 잡지의 인터뷰 내용이, 저자(아라하마)가 시스템에 대한 아이디어를 떠올리게 된 계기가 되었다. 아직도 '주차 사이트'는 곤도 씨에게 자동적이고 지속적인 견실한 수익을 안겨주고 있다.

"알맹이는 조금 달라지긴 했지만요. 당시 계약하고 있던 주차장 중에는, 솔직히 청구한 수수료를 지불하지 않은 주차장도 있었습니다. 그런 업체와는 계약을 중단하고 정리했지요. 그래서 계약을 맺고 있는 주차장 수 자체는 감소했지만, 그만큼 확실히 안정적으로 거래할 수 있는 대기업 주차장의 중개 건수가 늘어났기 때문에 오히려 매출은 증가했습니다. 당시에는 평균 월매출 1,000만 원 정도였지만, 지금은 약 1,500만 원 정도 됩니다."

온라인 보험 비즈니스가 또 하나의 주요 수익으로

곤도 씨는 새로운 시스템 구축에도 열정적으로 힘쓰고 있다. 하지만 케이스 스터디에서 제2의 시스템, 제3의 시스템 후보로 다루었던 해외여행·유학 관련 자료의 일괄 청구 사이트나 전화 대행업자의 무료 일괄 견적·자료 청구 사이트, 세무사·공인회계사의 일괄 문의 사이트는 생각처럼 수익이 증가하지 않아 거의 철퇴 과정을 진행 중이다.

그 대신 현재는 2010년에 시작한 온라인 전용 보험 비즈니스에 주력하고 있다. 국외여행 보험, 자동차 보험, 애완동물 보험, 오토바이 보험, 골프 보험 등 다양한 분야의 보험을 취급하고 있다. 각 보험에 대한 조건을 입력하면 여러 회사의 요금을 한눈에 비교할 수 있는 사이트를 제작하고 운영 중이며, 이 사이트를 경유하여 보험을 신청하면 곤도 씨에게도 수수료가 들어온다. 보험 사이트는 주차장 포털 사이트와 기본적으로 완전히 똑같다.

"주차 사이트를 통해 주차장 예약이 들어오면, 고객에게 감사 메일이 발송됩니다. 공항 주변의 주차장 예약자는 당연히 여행을 가는 사람이므로, 그 메일에 여행 보험 비교 사이트로 연결되는 안내를 넣으면 여행 보험 사이트로 유도할 수 있다는 생각에 보험 비즈니스로 진출하였습니다. 주차장 예약 사이트를 방문한 사람은 반드시 자동차를 소유한 사람이므로 자동차 보험을, 그리고 아직 활성화되지 않은 틈새시장이므로 애완동물 보험을, 이런 방식으로 점점 사이트를 늘려나갔습니다.

새로운 사이트는 '주차 사이트'처럼 제가 고객의 홈페이지까지 직접 개설하지 않아도 되기 때문에, 하는 일은 제휴 마케팅에 가깝습니다. 다만 보험 비즈니스는 허가 및 인가가 필요하므로 인터넷 비즈니스를 알아본다고 해서 누구나 간단하게 참여할 수 있는 사업은 아닙니다. 저는 '주차 사이트'의 실적이 있었기 때문에 각 보험 회사와 대리점 계약을 맺을 수 있었던 것입니다."

그중에서도 곤도 씨가 운영하는 '애완동물 보험 스테이션 (http://www.pets-station.info/)은 일람성이 뛰어나고 쉽게 비교할 수 있다는 점에서 큰 인기를 얻어, 일본 최대급의 비교 사이트가 됐다. 애완동물 보험은 단가가 낮아 건당 수수료 수익이 그다지 크지 않다. 그러나 매년 자동으로 계약을 갱신하는 비율이 높아 그때마다 갱신 수수료가 들어오기 때문에 오랜 기간 지속적인 수익을 기대할 수 있다는 것이 이점이다.

하나에 '올인'하지 않아 위기를 극복하다

곤도 씨는 보험 이외에도 해외여행 나갈 때 사용하는 무선 와이파이 공유기 대여 업체를 비교하는 사이트를 만들어, 대리점 비즈니스를 전개하고 있다. 게다가 2012년 5월부터는 회사에서 매우 가까운 오피스 빌딩의 사무실을 하나 빌려, 주소를 대여하고 통신 판매를 시행하는 가상 오피스 사업도 시작했다. 가상 오피스 사업은 현재 몇 개의 회사하고만 계약했는데, 전화 전송은 시스템으로 자동 시행되기 때문에 관리하는 수고가 거의 들지 않는다. 게다가 한 번 계약하면 해약하는 일은 거의 없기 때문에 장기간에 걸쳐 이익을 얻을 수 있다. 비즈니스 형태는 다르지만 무엇보다 '지속성'을 중시하는 곤도 씨의 기조는 다르지 않다.

"저는 영업 담당자를 많이 고용하는 사업은 하고 싶지 않습니다. 소수의 인원으로도 계속해서 잘 운영할 수 있는 비즈니스시스템을 만들고 싶습니다."

이렇게 강조하는 곤도 씨. 더불어 다양한 비즈니스를 취급함으로써 주차장 포털 사이트에만 '올인'하지 않고 리스크를 분산시킬 수 있다는 점도 큰 특징이다.

"실제로 2011년 동일본 대지진 당시, 공항 주변 주차장의 예약이 잇따라 취소되면서 회사도 엄청난 타격을 받았습니다. 하지만 온라인 보험 비즈니스에서 이익이 발생하여 무사히 버틸 수 있었습니다. 하나의 사업에만 의지하지 않고, 여러 개의 수익원을 갖는 것이 중요하다는 사실을 깨달았습니다."

진행 중인 사업이 많아졌기 때문에 첫 인터뷰 당시와 비교해 더 바빠졌을 것이라고 예상했지만, 대부분 자동으로 돌아가는 비즈니스였기 때문에 곤도 씨의 일상생활은 거의 변하지 않은 듯했다.

"자사의 비교 사이트를 검색 사이트의 상위로 노출하기 위해 SEO를 연구하다가 퇴근이 늦어지는 날도 물론 있지만, 거의 오후 5시 정도에는 사무실을 나옵니다. 탁구 교실에 다니는 큰아들을 마중 나가야 하므로, 최근 매주 화요일은 오후 3시반에 바로 업무를 중단했습니다. 이제 초등학교 고학년이라 혼자서도 지하철을 타고 갈 수 있지만 말이죠(웃음). 시간을 완전히 스스로 통제할 수 있지요."

철저히 곤도 씨만의 스타일. 하지만 그는 자신만의 기반을 착실하게 다져나가고 있다.

틈새시장인
매칭 사이트로
월 매출 1,000만 원

용돈이나 벌어보자는
생각으로 시작했는데, 규모가
저절로 커지고 있습니다.

오쿠야마 유스케

계산기에 나타난 '1,080만 원'이라는 숫자

오쿠야마 유스케(奥山 裕輔) 씨는 천천히 2006년 7월 매출을 계산하기 시작했다. "지금까지 계산한 적이 없었습니다. 잠깐 계산기 좀 사용해도 괜찮을까요? 7월에는 매출이 꽤 나왔던 걸로 기억하는데…. 흠…. 42만 원, 42만 원, 21만 원, 42만 원…."

저자(다카하시)는 취재 중 갑작스러운 전개에 이상한 기대감에 차올라, 계산기에 숫자를 입력해 나갔다. 돈을 계산하는 것은 솔직히 즐겁다. 만약 그것이 다른 사람의 돈이라고 할지라도 말이다. 계산이 끝나 '=' 버튼을 눌렀다. 계산기에 약 1,080만이라는 숫자가 나타났다.

"역시 꽤 나왔군요. 직장인은 성과급이 나오는 시기니까 금전적으로 조금 여유가 있었나 보네요. 9월은 약간 적었던 것 같은데, 과연 어떨까요."

마찬가지로 계산하자 약 530만 원이 산출되었다.

"서버 이용료와 구글 애즈Google Ads 광고비, 오버추어 광고비 등 100만 원 정도의 비용이 발생하므로 그를 제외한 나머지가 매출총이익입니다. 그 말은 매월 최소 400만 원, 최고 1,000만 원 정도가 일정하게 들어온다는 이야기겠지요…."

그는 마치 다른 사람의 일처럼 말했다. 그러나 그럴 만도 하다. 오쿠야마 씨는 평소에는 직장인, 평일 밤이나 휴일에는 부업을 운영하는, 이른바 주말 기업가이기 때문이다. 생계는 '본업'으로도 충분히 이어나갈 수 있다. 게다가 돈을 버는 것에 엄청나게 집착하는 성향도 아니고, 특히 부수적인 수입의 기복에 대해서도 특별히 의식하지 않는다.

오쿠야마 씨는 약간 무뚝뚝한 말투지만 사교성도 좋고, 오픈 마인드인 건실한 청년이다. 명품으로 휘두르는 것도 아니고, 카리스마가 있는 것도, 오라를 내뿜는 것도 아니다. 겉보기에는 지극히 평범한 청년이다. 하지만 매월 그런 큰 금액을 벌어들이는, 누구나 부러워할 만한 '다른 얼굴'을 가지고 있다. 그가 하고 있는 것은 철저한 개인 비즈니스. 온라인에서 이른바 '매칭 사이트'를 운영하고 있다.

하나는 비즈니스를 함께 설립할 파트너를 모집하는 〈비즈니스 파트너를 찾자! 업룸(http://www.up-room2.com/)〉이며, 또 다른 하나는 투자처를 찾는 사람과 투자받기를 희망하는 사람을 이어주는 〈엔젤 투자가를 찾자! 업룸(http://www.angel-toushi2.com/)〉이다. 오쿠야마 씨는 이렇게 두 개 사이트의 운영자다.

관련 업무는 평일 10분, 주말 2시간뿐!

〈비즈니스 파트너를 찾자! 업룸〉은 2003년 5월에 시작했다. "2002년 월드컵이 개최될 즈음, 제휴 마케팅으로 용돈벌이를 하는 사람들이 등장하기 시작했습니다. 저도 홈페이지를 만들어 일기를 쓰면서 운영했는데, 생각보다 수익이 발생하지 않았습니다. 그러던 중 정보라도 교환해 보자는 생각으로 게시판을 만들었습니다. 그러자 비즈니스 파트너를 구하는 신청이 증가하더군요. 일기를 쓸 때보다 접근 수가 더 크게 상승했습니다. 그 후 시범 삼아 인터넷에 '비즈니스 파트너'라고 검색했더니 관련 매칭 사이트가 전혀 검색되지 않았습니다. 그래서 시작하게 된 것입니다."

'큰 뜻을 이루고 싶다. 큰돈을 벌고 싶다.' 그런 원대한 꿈과는 전혀 상관이 없다. 마치 시간의 흐름에 몸을 맡겼더니 자연스럽게 비즈니스가 시작된 느낌이다.

〈비즈니스 파트너를 찾자! 업룸〉의 기본 서비스는 비즈니스 파트너 모집 정보를 게시하는 '공간'을 제공하는 것이다. 정보를 게재하는 방법에는 두 가지가 있다. 먼저 '게재 비용 무료' 코스가 있다. 정보를 무료로 게재할 수 있지만, 대신 '파트너에게 200만 원 이상의 금전적 부담을 요구하지 않는다', '사업 자금 원조자는 모집할 수 없다'라는 조건이 붙는다.

반면 게시 비용 78,750원의 유료 코스는 파트너에게 200만 원 이상의 금전적 부담을 요구하거나, 사업 자금 원조자를 모집하는 경우에 할 수 있는 선택지다. 두 가지 모두 게시 기간은 3개월이다. 네트워크 비즈니스 신청은 금지되어 있으며, 게시된 정보에 접근하고 싶다면 사이트 내의 형식을 사용하여 간단히 신청할 수 있다. 이 사이트의 요금 체계나 시스템은 우여곡절을 거쳐 지금의 형태에 도달하게 되었다.

반면 〈엔젤 투자가를 찾자! 업룸〉은 그로부터 1년 6개월 이후인 2004년 11월에 개설되었다. 먼저 개설된 사이트에 비즈니스 파트너뿐만 아니라 '투자처도 구하고 싶다는 안건'이 계속해서 제기된 것이다.

이 사이트는 자금을 가진 투자가가 투자액이나 투자 희망 분야, 내용 등 정보를 게재한다. 게재 비용은 무료지만, 투자가들에게 접근하기 위한 회원 등록은 유료다. 비즈니스 파트너를 찾는 사이트와는 요금 체계가 반대다. 첫 회 요금이 42만 원이고 회원 유효 기간은 6개월이며, 21만 원을 지불하면 다시 6개월을 연장할 수 있다.

비즈니스 파트너 매칭 서비스에 게재된 안건 수는 90건 정도다. 처음 시작한 이래로 약 4년간 누적 1,000건을 돌파하였다는 말을 듣고 깜짝 놀랐다. 엔젤 투자가 매칭 서비스도 상시로 50건이 게시된다. 기한이 지난 정보나 부정확한 신청은 오쿠야마 씨가 정기적으로 확인하고 삭제하기 때문에 게시판에는 항상 신선하고 유익한 정보만 나열되어 있다.

게다가 새롭게 올라오는 정보는 그가 발행하는 메일 뉴스레터에 주 1회 고지된다. 발행 부수가 약 2만 5,000부에 달하기 때문에 뉴스레터에 고지하는 효과는 매우 뛰어나다. 이 뉴스레터는 단순히 신착 정보의 홍보 도구의 역할만 하는 것이 아니다. 광고 미디어로서도 기능하여, 광고 수수료만 한 달에 약 84만 원이나 들어온다. 정말로 빈틈없이 수익으로 이어지는 방식이다.

오쿠야마 씨가 사이트를 운영하는 데 소비하는 시간은 평일에 약 10분, 주말 이틀 동안, 2~3시간뿐이다. 기본적으로 각 게시글에 접근하고 싶어 하는 사람에게 도착한 메일을 확인하고, 게시글 작성자의 연락처를 전달한다. 신착 정보를 메일 뉴스레터에 싣는다. 그의 일은 그것뿐이다. 이런 방식으로 최고 월 1,000만 원에 가까운 매출이 발생하는 것이다.

"그냥 앉아서 은행 계좌에 잔고가 쌓이는 느낌에 가깝습니다. 저는 거의 작업을 하지 않으니까요. 처음에는 그냥 용돈이나 벌어보자는 생각으로 시작했는데, 규모가 저절로 커지고 있습니다."

이렇게 말하는 그의 표정은 여유로웠다. **비즈니스를 연결하는 공간만 마련했는데 가만히 있어도 사용자로부터 돈이들어온다. 다시 말해 시스템이다.**

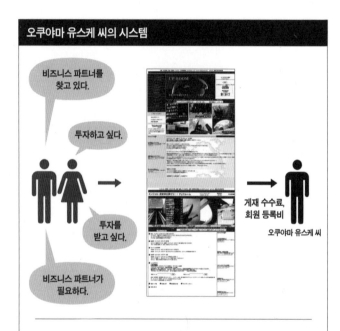

오쿠야마 씨는 비즈니스 파트너의 매칭 사이트와 투자가와 기업기를 연결하는 사이트, 두 사이트를 운영하고 있다. 전자는 비즈니스 파트너를 모집한다는 글을 게재한 사람에게 게재 수수료 78,750원을 받으며 누구나 게시글에 무료로 접근할 수 있다.

후자는 창업 희망자 등에게 회원 등록비 42만 원(갱신 시 절반인 21만 원)을 받으며, 투자가의 정보 게재료는 무료다. 그의 업무 시간은 평일 평균 10분, 주말 2시간 정도다. 대부분 월 1,000만 원 이상을 기록하며, 적어도 400만원의 이익을 벌어들인다.

인터넷 비즈니스는 '선행자'가 지배한다

그런데 여기에서 두 가지 의문이 떠오른다. 먼저 첫 번째 의문. 사용자 입장에서 보면 오쿠야마 씨는 전혀 일면식도 없는 존재다. 지인도, 친구도, 하물며 가족도 아닌 제3자가 운영하는 정체를 알 수 없는 사이트에 사용자는 돈을 지불하면서까지 정보를 얻으려고 한다. 다시 말해 오쿠야마 씨는 사용자에게 믿음을 주어 사고 싶다는 마음이 들게 하는 것이다. 사용자가 그 허들을 뛰어넘게 하는 것은 결코 쉬운 일이 아니다.

"그건 말이죠, 우리가 선발 주자였기 때문입니다. 실적이 있는 거죠. 실제로 투자를 받은 사용자의 후기도 사이트에 올리고, 제가 한 잡지나 TV 인터뷰 이력도 사이트에서 소개하고 있어요. 정보도 매주 갱신하고, 그동안 메일 뉴스레터도 많이 발행했습니다. 이런 부분에서 사용자의 신뢰를 얻어 등록으로 이어지게 된 것입니다."

선행자에게는 실적이 있다. 실적이 있기에 신용이 쌓이고 신용이 있기에 등록자가 증가한다. 그리고 이것이 다시 실적으로 이어진다. 인터넷 세계에서는 흔히 선행자 메리트가 있다고 말한다. 특히 새로운 이슈를 좋아하는 언론에 언급됨으로써 신용이 담보되고, 이는 사용자 마음에 안도감을 가져다준다. 마찬가지로 오쿠야마 씨도 그런 혜택에 편승하여 선순

환을 만들어내고 있다.

두 번째 의문은 이렇다. 어떤 분야든 성공을 따라 하려는 모방자가 나타나기 마련이다. 오쿠야마 씨를 벤치마킹하는 회사에 고객을 빼앗길 위험도 적지 않은 것이다. "모방이나 도용하는 사례는 엄청 많습니다. 하지만 문제는 바로 이익을 낼 수 있는 구조가 아니라는 것입니다. 우선 고객이 사이트에 방문하기까지가 매우 어렵고, 고객이 방문하더라도 별 볼 일 없는 사이트라면 창업 희망자나 투자가는 등록하지 않을 것입니다. 모든 회사가 돈을 벌 수 있는 것은 아니기 때문에 자연스럽게 사라지게 됩니다. 저희 사이트는 꾸준하고 착실하게 운영해 왔기 때문에 지금 사용자를 보유하고 있는 것인지도 모릅니다."

고객을 사이트에 방문하게 만드는 모객 대책과 구글 등 검색 엔진에서 상위에 노출되기 위한 SEO 대책은 확실히 마련했다. 또한 다른 사이트와의 상호 링크를 늘리는 등의 방법도 간단하지만 꽤 효과가 좋다.

"투자가 필요하다, 투자하고 싶다, 비즈니스 파트너를 찾고 있다. 이런 생각으로 키워드를 입력하여 검색하면 반드시 저희 사이트에 도달하게 될 것입니다."

시험 삼아 구글에 '비즈니스 파트너'라는 키워드를 검색한 결과, 그의 사이트는 첫 번째로 노출되고 있었다(2007년, 첫 인터뷰 당시. 이하 동일).

'투자가'로 검색했더니 두 번째로 표시되었다. 첫 번째는 일반인 사용자가 직접 글을 쓰는 온라인 백과사전이자, 세계적으로 유명한 '위키피디아'이므로 실질적으로 오쿠야마 씨의 사이트가 가장 상위에 노출되고 있다고 생각해도 좋다.

'비즈니스 파트너'와 '투자가'를 동시에 검색했을 때는 첫 번째도, 두 번째도 오쿠야마 씨의 사이트가 노출됐다. 투자가를 스폰서, 엔젤 등으로 바꿔도 그의 사이트가 상위를 독점하고 있다. 이렇게 잠재 고객이 자연스럽게 그의 사이트로 흘러들어오는 것이다.

성공 비결은 '틈새시장'과 '집중'

그렇다면 대기업은 이 분야에 관심이 없을까? 예를 들어 일본 대기업인 리쿠르트 홀딩스가 본격적으로 이 시장에 뛰어들면, 개인 사이트는 대기업의 맨파워나 비즈니스파워에 맞설 수 없다. 그러나 대기업이 이 시장에 발을 들일 기미는 보이지 않는다. 왜냐하면… 이런 매칭 사이트는 매우 틈새시장이기 때문에, 대기업이 손을 뻗기에는 너무나 규모가 작다는 점이 가장 큰 이유인 듯하다. 이러한 '좁은 틈새시장'도 오쿠야마 씨의 성공 비결인 셈이다.

또 다른 비결은 비즈니스 파트너 사이나 투자가·창업 희망자 사이에 절대 개입하거나 관계를 정리하지 않는다는 그의 방침이다. 한 번 그런 일에 연관되면 '비즈니스 아이디어를 갖고 달아나거나', '투자에 실패하는' 등 갈등의 소용돌이에 휘말리게 된다. 그러므로 매칭 이후의 일은 사용자 본인의 책임이며, 오쿠야마 씨는 그에 일절 관여하지 않는다.

"실제로 5억 원의 투자를 받은 사람의 권유로 그 사람과 투자자 그리고 저까지 3명이 식사를 한 적이 딱 한 번 있었습니다. 저는 다른 사람이 사주는 밥이니 그저 맛있게 먹기만 했지요."

이렇게 말할 정도다. 그가 컨설팅 등에 욕심을 내지 않는 것도 사이트를 오래 유지할 수 있는 비결이다. 그는 지금 유행하는 정보 기업이나 세미나, 코칭 등에 절대 손을 대지 않는다. 두 개의 사이트 운영과 메일 뉴스레터의 광고 게재로 간단하게 돈을 번다. 다시 말해 수년 전 비즈니스 세계의 유행어인 '선택과 집중'을 활용하였다. 여기에도 개인이 시스템을 만들 때 필요한 힌트가 숨어있다.

'시스템'의 증식은 어렵지 않다

그렇다면 오쿠야마 씨의 비즈니스는 앞으로 어디를 향해가고 있을까? 일단 두 사이트를 재정비하는 것이 목표다. 한층 더 시스템을 강화한다.

"첫 번째는 자동화입니다. 두 번째는 접근 대책이죠. CGI 기술을 도입하여, 게시글을 보고 지원하고 싶다는 메일이 오면 자동으로 작성자의 연락처를 담은 메일을 발신하도록 만드는 것입니다. 그러면 수고가 상당히 줄어들겠지요. 나머지 시간을 활용하여 사이트에 더 많은 고객이 접근할 수 있도록 하는데 주력하여, 매월 당연하게 1,000만 원 정도의 수입이 들어오게 만드는 것이 현재 당면한 목표입니다."

자동화는 시스템의 진면목이라고 할 수 있다. 오쿠야마 씨는 현재 운영하고 있는 시스템에 더 이상 노력과 시간을 들이지 않게 되면, 제2의 시스템을 구축하는 데 힘을 쏟으라고 말한다.

취재하고 얼마 후, 그에게서 메일 자동 발신 시스템이 도입되었다는 연락이 왔다. 그는 생각하면 바로 행동한다. 이런 자세도 틀림없는 성공의 비결이다. 그는 다음 시스템도 전인미답의 엄청난 틈새시장 비즈니스에 주목했다. 게다가 인터넷 비즈니스를 고집하지 않고, 오프라인 비즈니스에서도 성공을 꾀하고 있다.

"가끔 TV를 보며 하는 생각이지만, 유흥업소 종사자가 디자인한 액세서리로 돈을 벌 수 있지 않을까요? 유흥업소 손님들은 금전 감각이 엉망이잖아요. 그러니까 원가 50만 원인 액세서리를 매입해서, 그들에게 간단히 디자인을 부탁하고, 생일 등 이벤트로 500만 원에 판매하는 거죠. 450만 원의 이익에서 디자인 수수료로 100만 원을 준다고 해도 350만 원의 순수익이 발생합니다. 한 개만 팔아도 지금 저의 월급 정도가 되는 거죠."

그 후 오쿠야마 씨에게 함께 사업을 구상하던 파트너가 해외로 전근을 가게 되어 부득이하게 이 계획을 단념하게 되었다는 이야기를 전해 들었다. 대신 직장인을 위한 '사용자 참가형 입소문 사이트'를 오픈하고자 고군분투 중이라고 한다. 이처럼 아이디어와 의욕만 있으면 본업이 있어도 남는 시간을 활용하여 비즈니스를 차례차례 늘려갈 수 있다. 이것도 시스템의 큰 이점이다.

오쿠야마 유스케 씨에게 배우는 시스템 구축의 비결

① 사이트 이용은 사용자 본인의 책임을 원칙으로 하여, 운영 도중 발생하는 리스크를 피한다.

② 사용자의 실제 사례를 사이트에 게재하거나, 적극적으로 언론에 노출함으로써 신뢰를 높인다.

③ 다른 사이트와 상호 링크를 늘리는 등 철저한 SEO 대책을 실시하여 고객 모집력을 강화한다.

시스템 데이터 파일 2   오쿠야마 유스케(Okuyama Yusuke)

▶ **레이팅(Rating)**

컴퓨터와 인터넷 환경만 갖추어져 있
다면 누구나 간단하게 시작할 수 있으
며, 자금도 거의 필요 없다. 낮은 리스
크에, 아무것도 하지 않아도 저절로 돈
이 들어온다는 점이 매력적이다. 다만
동일 사용자에게 오랜 기간에 걸쳐 계
속 이용료를 받을 수 있다는 보증이 없

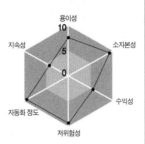

기 때문에, '지속성' 측면이 조금 불안하다. 그러나 SEO 대책을 실시하여,
키워드 검색 시 항상 상위에 노출되는 상태를 만들어 신규 고객을 끊임없이
확보한다면 장기적으로 안정적인 수입을 얻을 수 있다.

▶ **시스템(System)**

비즈니스 매칭 사이트에 의한 시스템

▶ **카테고리(Category)**

인터넷 비즈니스

▶ **만든 이(Maker)**

오쿠야마 유스케

▶ **프로필(Profile)**

1976년 출생. 도쿄도 거주. 평일은 오락 시설의 영업 담당자로 스낵바나 노
래방, 술집 등을 상대로 오락기기를 임대하거나 판매하는 일에 종사하고 있
다. 대부분의 고객이 밤에 근무하기 때문에, 한밤중의 업무는 너무 당연하
다. 그렇게 바쁜 와중에도 부업의 길을 모색하여 주말 기업을 선택했다. 최
대한 작업량이 적은 비즈니스 형태를 탐구하고 실천한 결과, 시스템 구축에
성공했다. 그의 목표는 '시스템으로 벌어들이는 연수익이 본업의 수익을 뛰
어넘는 것'이다.

▶ **URL**

비즈니스 파트너를 찾자! 업룸 http://www.up-room2.com/
엔젤 투자가를 찾자! 업룸 http://www.angel-toushi2.com/

"거의 변하지 않았습니다.
지금도 매월 평균 400만 원이 들어옵니다."

과연 오쿠야마 유스케 씨의 매칭 사이트는 아직도 이전만
큼의 고객을 모집할 능력이 있을까? 시험 삼아 구글에서 '비
즈니스 파트너'로 검색해 보았다. 그가 운영하는 〈비즈니스
파트너를 찾자! 업룸〉은 검색 결과 첫 번째 페이지에 위에서
세 번째로 표시되었다. '투자가'로도 검색했더니 오쿠야마 씨
의 〈엔젤 투자가를 찾자! 업룸〉도 똑같이 첫 번째 페이지의 위
에서 세 번째 순위였다(모두 2012년 11월 기준).

**'비즈니스 파트너', '투자가'는 모두 기업이나 비즈니스에 흥
미가 있는 사람이라면 한 번쯤 검색해 보았을 법한 키워드다.
아직도 검색 결과 상위에 노출된다는 점에서 당연히 고객 모
집에 압도적으로 유리하다. 취재로부터 시간이 꽤 흐른 지금,
오쿠야마 씨의 사이트는 아직 '죽지 않았다.'**

그는 이렇게 말하면서 미소를 머금었다. "시스템은 거의 변
하지 않았습니다. 단 신착 정보는 매주 월요일에만 업데이트
하고 있습니다. 이런 업데이트 빈도와 오래되었다는 점이 좋

은 점이겠죠. 분명히 SEO의 효과가 먹히고 있는 것입니다."

매칭 자동화로 수고를 더욱 줄일 수 있다

현재 〈비즈니스 파트너를 찾자! 업룸〉에서 비즈니스 파트너를 구한다는 글이 게재되는 게시판에는, 갱신할 때마다 10건 정도의 신착 정보가 추가된다. 게시 유효 기간인 3개월이 지난 글들은 삭제되고 언제나 신선한 정보가 활발하게 업데이트된다. 게재 수는 상시 약 200건. 첫 취재 당시에는 약 90건 정도였으므로 현재는 배 이상이 되었다고 할 수 있다. 2003년부터 9년간 누적 게재 수는 약 4,000건 이상에 달한다. 〈엔젤 투자가를 찾자! 업룸〉도 상시 60~70건이 게재되는 활발한 사이트다.

요금 체계에는 약간 변화가 있었다. 〈비즈니스 파트너를 찾자! 업룸〉은 한 명당 1건의 정보를 무료로 게재할 수 있다. 다만 3개월이라는 정보의 유효 기간 내에 추가로 여러 안건을 게재하고 싶다면 1건에 52,500원, 또 발행 부수 1만 5,000부인 오쿠야마 씨의 메일 뉴스레터에 정보를 싣고 싶다면 26,250원을 지불해야 한다. **〈엔젤 투자가를 찾자! 업룸〉은 가입비도, 갱신비도 모두 동일하게 42만 원이다.**

〈비즈니스 파트너를 찾자! 업룸〉에서는 매칭의 자동화도 순조롭게 기능하고 있다. 이전에는 게재 정보를 보고 지원하고 싶다는 메일이 있을 때마다, 오쿠야마 씨가 작성자의 메일 주소를 직접 송신하였다. 그런데 이를 프로그램으로 구성하여 자동화한 결과, 시간과 노력을 투자하지 않아도 되는 시스템이 완성되었다.

지금도 많은 달에는 월 700만 원이 들어온다

우리가 궁금한 것은 수입이었는데 오쿠야마 씨는 숨기지 않고 대답했다. "적어도 한 달에 150만 원, 평균적으로 400만 원, 많은 달은 700만 원 정도 들어옵니다. 뭐, 5년이 지나도 별 탈 없이 잘 되고 있네요. 흔히 본업을 그만두고 독립하여 운영하라는 이야기도 듣지만, 그럴 생각은 조금도 없습니다. 원래 '주말 기업'으로 시작해 용돈벌이 말고는 해야 할 이유가 없기 때문입니다. 더욱 진지하게 임하는 것이 좋지 않겠냐는 말도 듣습니다. 저는 지금도 매우 진지하게 임하고 있지만요(웃음)."

그렇지만 이런 매칭 사이트는 경쟁 사이트도 많을 것이다. 그런데 어째서 오쿠야마 씨의 사이트만 이전에도, 지금도 잘 운영되는 것일까? 그는 이렇게 말한다. "역시 가격이 저렴하기 때문이 아닐까요? 욕심을 내서 가격을 더 올려도 되긴 하지만 저희는 그렇게 하지 않으니까요. 저렴한 가격이지만 매칭은 제대로 이루어집니다. 비용 대비 효과가 좋기 때문에, 52,500원을 지불하고 한 건 더 게재하자는 심리가 생기는 거예요. 구입처나 거래처가 증가했다는 감사 메일도 종종 받습니다. 최근에는 과거 파트너를 찾았던 경험이 있어, 다시 사이트를 이용한다는 메일도 받았습니다. 성과가 확실하기 때문에 다시 찾는 분들이 많습니다. 이 또한 저희의 특징이지요.

경쟁 사이트 중에는 우리의 데이터를 그대로 따라 하는 악질 사이트도 끊이지 않지만, 그들은 성과가 나오지 않아 오래 가지 못합니다. 저희에게는 브랜드 파워와 신뢰, 노하우가 있습니다. 그리 쉽게 따라 할 수는 없을 것입니다."

운영은 아내에게 맡기고 점점 손을 떼고 있다

사실 사이트는 4년 전, 아내에게 운영을 맡기고 있다. 오쿠야마 씨는 아주 가끔 거드는 수준으로 이제는 거의 손을 뗀 상태다. 그렇다면 남는 시간에 다른 시스템을 만들려는 계획은 없을까?

"아니요, 처음 취재에 응했을 때는 직장인 참가형의 기업 내부 정보 입소문 사이트를 만들려고 했습니다. 당시에 그런 사이트는 아예 없었기 때문이지요. 하지만 계속 질질 끌다가 결국 하지 않았습니다. 그러나 바로 1년 후에 비슷한 사이트가 등장하더니 지금은 2~3개나 있어요. 정말로 놀라운 인기지요. 그 사이트만은 정말 진지하게 임했다면 좋았을 것이라고 생각합니다. 뭐, 지금은 본업이 너무 바빠서 우선 새로운 시스템을 만들 시간이 없습니다."

그는 2명의 자녀도 생겨, 본가 가까이에 단독주택 한 채를 지었다. 직장인의 월급만으로는 대출과 생활비로 빠듯해지는 것이 당연하다. 그러나 오쿠야마 씨에게는 자신의 분신이라고 할 만한, 본업과 비슷한 수준으로 저절로 수입이 들어오는 시스템이 있다. 마지막에 그는 작은 목소리로 "역시 다른 보통의 직장인보다는 여유가 있지요"라고 중얼거렸다. 그의 한마디에는 묘하게 실감이 깃들여있었다.

오쿠야마 씨가 사이트를 운영하는 데 소비하는 시간은 평일에 약 10분, 주말 이틀 동안, 2~3시간뿐이다. 기본적으로 각 게시글에 접근하고 싶어 하는 사람에게 도착한 메일을 확인하고, 게시글 작성자의 연락처를 전달한다. 신착 정보를 메일 뉴스레터에 싣는다. 그의 일은 그것뿐이다. 이런 방식으로 최고 월 1,000만 원에 가까운 매출이 발생하는 것이다. "그냥 앉아서 은행 계좌에 잔고가 쌓이는 느낌에 가깝습니다. 저는 거의 작업을 하지 않으니까요. 처음에는 그냥 용돈이나 벌어보자는 생각으로 시작했는데, 규모가 저절로 커지고 있습니다." 이렇게 말하는 그의 표정은 여유로웠다. 비즈니스를 연결하는 공간만 마련했는데 가만히 있어도 사용자로부터 돈이 들어온다. 다시 말해 시스템이다.

아무것도 하지 않고 월 500만 원 '프티 리타이어'를 실현하다

제가 원하는 것은 돈이 아닌, '압도적인 자유'입니다.

이시이 다카시

'월 500만 원으로 프티 리타이어'라면 손에 닿을 수 있다

'프티 리타이어.'

조기 은퇴에 특별히 관심이 있는 사람이 아니더라도 '응? 그게 뭐지?'라며 마음을 흔들만한 묘한 단어다. 심지어 그 정의가 '아무것도 하지 않고 월 500만 원 이상의 수입을 얻으며, 자유로운 시간을 손에 넣은 상태'라는 것을 들으면 많은 사람들이 '프티 리타이어'에 대해 더욱 상세하게 알고 싶을 것이다. 이러한 프티 리타이어를 제창하고 있는 사람이 바로 이시이 다카시(石井 貴士) 씨다. 그는 아나운서 출신답게 외모와 말솜씨도 수려하다.

"많은 사람이 세미 리타이어Semi-Retire(조기 반퇴)를 동경하고 있을 것입니다. 하지만 그것은 수천만, 수억의 돈이 없으면 실현할 수 없습니다. **그런 점에서 '월 500만 원으로 프티 리타이어'라면 많은 사람이 조금만 열심히 하면 닿을 수 있다고 느낄 것입니다. 게다가 프티 리타이어는 '돈을 버는 것'보다 '압도적인 자유'를 누리는 것에 주목한다는 점이 포인트입니다.**"

그는 프티 리타이어를 실현한 사람이다. 전개하는 비즈니스는 완전히 자동화된 시스템이 확립되어 있어 일할 필요가 거의 없다. 자유롭게 시간을 만끽하면서도 수입은 확실히 들어오는 것이다. 이러한 프티 리타이어의 비즈니스 모델도, 이 책에서 말하는 시스템에 해당한다는 사실은 의심할 여지가 없다.

노력과 시간을 투자하는 작업은 모두 다른 사람에게 맡긴다

이시이 씨는 자신이 프티 리타이어 생활을 이루기까지의 노하우를 글과 DVD 형식의 교재로 정리하여, 자신의 홈페이지〈아무것도 하지 않고 월 500만 원! 행복하게 프티 리타이어하는 방법〉을 통해 온라인 판매하는 형태로 사업을 전개한다.

간단하게 '온라인에서 교재를 판매한다'라고 말하지만, 일반적으로 상품의 수주나 배송, 고객 관리 등 의외로 귀찮은 수고가 드는 일이 많다. 그래서 이시이 씨는 프티 리타이어의 비즈니스 모델을 구사함으로써 이러한 작업을 완전히 제거하여 본인은 완전히 아무것도 하지 않아도 되는 상태를 만들어 냈다. 그런데 어떻게 이런 것이 가능할까?

우선 프티 리타이어의 비즈니스 모델부터 살펴보자. 핵심은 시간과 비용이 발생하는 작업은 모두 외부 업자에게 아웃소싱하는, 다시 말해 '다른 사람에게 맡긴다'라는 것이다.

흐름은 다음과 같다. 사용자가 그의 홈페이지에 접속하여 상품을 주문한다. 그때 주문 메일이 사무 대행업자와 그에게 모두 도착하도록 설정한다. 사무 대행업자는 그가 보관을 요청한 상품을 배송하기 위해 받는 사람을 기재하고 발송을 준비한다.

배송업자가 집하를 위해 사무 대행업자를 방문하고, 고객에게 상품을 전달한다. 이때 '대금 상환 서비스'를 이용하여 배

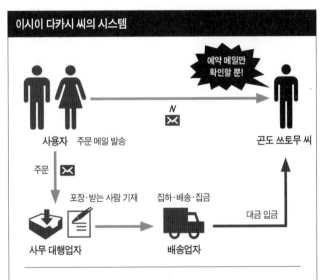

이시이 다카시 씨의 시스템

예약 메일만 확인할 뿐!

사용자   주문 메일 발송   곤도 쓰토무 씨

주문

포장·받는 사람 기재   집하·배송·집금   대금 입금

사무 대행업자   배송업자

이시이 씨는 온라인 판매와 아웃소싱 서비스를 연계하여 자동으로 수입이 들어오는 '프티 리타이어'라는 비즈니스 모델을 고안했다. 자신이 프티 리타이어 생활을 이루기까지의 경험을 교재로 정리하고, 나아가 그것을 프티 리타이어의 비즈니스 모델을 사용해 온라인에서 판매하고 있다. 교재 판매 이외에도 세미나 개최, 서적 출간 등에도 전념하고 있다. 프티 리타이어 관련 비즈니스만으로 월평균 1억 원 정도의 매출을 올리는 중이다.

송업자에게 대금 회수 업무까지 맡긴다. 그는 배송업자가 대금을 송금했는지, 그것만 확인하면 끝이다. 참고로 이시이 씨는 고객 목록 작성이나 관리까지 아웃소싱으로 진행하고 있다. 그는 다음과 같이 말한다.

"다시 말해 저는 주문 메일과 은행 계좌에 입금되는 명세만 확인하고 있습니다."

정말 완벽한 자동화 시스템이다. 사무 대행업자를 이용하는 데 월 100~150만 원 정도의 비용이 발생하지만, 그를 통해 자신은 아무것도 하지 않아도 된다면 충분한 가치가 있을 것이다. 이런 시스템을 잘 이해한다고 하더라도 평범한 사람이 월매출 500만 원의 홈페이지를 제작하는 일은 너무 어려운 일이라고 생각할 수도 있다. 이 점에 대해 이시이 씨는 다음과 같이 제안한다. "그렇다면 월매출 50만 원이 나오는 홈페이지를 10개 만들면 됩니다. 하나를 궤도에 올려놓으면 요령을 얻을 수 있겠지요. 다음은 그것을 따라 하기만 하면 됩니다."

시행착오 끝에 깨달은 이상적인 상품의 세 가지 조건

앞에서 서술한 것처럼 이시이 씨가 프티 리타이어의 비즈니스 모델로 판매하고 있는 상품은 프티 리타이어를 이룬 자기 경험이다. 본인의 이야기나, 비즈니스 기회를 발견하는 방법, 상품을 선택하는 요령, 효율적인 홈페이지를 제작하는 방법 등을 DVD에 담았으며, 심지어 글이 담긴 온라인 판매 교재 〈프티 리타이어 골드 코스 2007〉의 가격은 97만 원이다. 게다가 온라인 판매 교재를 포함하여, 이시이 씨의 노하우를 집대성했다고도 말할 수 있는 〈완전 마무리 판〉의 가격은 500만 원으로 설정되었다. 이것이 비싼지, 비싸지 않은지는 구입하는 사람이 판단할 것이다.

그는 온라인에서 교재 판매뿐만 아니라, 교재를 구입한 사람을 대상으로 회원제 세미나도 개최하고 있다. 홈페이지 이름과 같은 제목의 《아무것도 하지 않아도 월 50만 엔(500만 원)! 행복하게 프티 리타이어하는 방법》을 시작으로, 프티 리타이어와 관련된 책도 적극적으로 출간하고 있으며, 시리즈의 누적 판매 부수는 약 10만 부까지 기록했다고 한다. **이렇게 프티 리타이어와 관련된 사업으로 월평균 1억 원 정도의 수입을 얻고 있다는 이시이 씨의 말에 큰 충격을 받았다.** 하지만 이시이 씨도 프티 리타이어를 완성한 경험을 하루아침에 상품화하기로 결심한 것은 아니다. 다양한 상품을 모색하고 시행착오를 겪으며 결과적으로 이 상품에 이르게 된 것이다.

아나운서를 퇴직한 후, 그가 가장 먼저 떠올린 것은 자작곡을 담은 음반 발매였다. 하지만 이는 어이없이 실패했다. 다음으로 그는 아나운서의 회화 기술을 살려 '대화 미인 양성 강좌' 등을 개설했는데, 3명의 수강생이 있었지만 그들은 모두 지방 출신이었기 때문에 시간과 교통·숙박비를 감당하기 어려워 비즈니스까지 이어지지는 않았다. 세계 일주 여행을 하면서 우연히 '사해의 소금'이라는 매력적인 상품과 만나게 되었으나, 대기업이 뛰어들 수 있다는 리스크가 있어 상품화를 보류한 적도 있다. **이런 실패를 경험한 그는 이상적인 상품에 대해 진지하게 고민한 결과, 세 가지 조건을 도출하게 되었다.** 이상적인 상품의 세 가지 조건은 다음과 같다.

① **오직 본인만 할 수 있는 온리원 비즈니스**Only-One Business
② **이익률 90%**
③ **자신이 직접 움직이지 않아도 괜찮은 것**

이러한 조건을 모두 만족하는 사업이 바로 '자신의 성공 경험을 교재로 만들어 판매'하는 것이었다. 이시이 씨는 '자신의 유일한 성공 경험은 아나운서가 된 것'이라는 사실을 깨닫고, 10일 정도 외부와의 접촉을 단절하고 글과 비디오를 제작하여, 〈여자 아나운서 합격 선언〉이라는 홈페이지를 만들어 판매했다. 그리고 한 달 만에 200만 원의 수익을 올렸다.

이어서 대상자를 모든 취업 준비생으로 넓히고 〈온라인 취업 예비 학교, 고코로 신데렐라〉를 개설하여 마찬가지로 교재를 판매한 결과, 사업을 시작한 지 한 달 만에 월매출 2,010만 원을 달성했다.

아무것도 하지 않아도 매월 500만 원 정도가 저절로 들어오게 되었으므로, 이번에는 이러한 상태에 '프티 리타이어'라는 이름을 붙이고, 프티 리타이어를 이루기까지의 노하우를 판매했다.

참고로 프티 리타이어의 비즈니스 모델에 적합한 상품은 자신의 과거 경험뿐만이 아니다. 요약하면 앞의 세 가지 조건 (이익률 90%를 이루기는 역시 어렵기 때문에, 이시이 씨는 이익률 75%를 목표로 한 듯하다)을 만족한다면, 어떤 것이라도 상관없다. 물론 그런 상품을 찾는 방법이 비즈니스의 성공 여부를 결정하는 가장 중요한 열쇠다. "당연히 세 가지 조건을 만족하는 상품을 찾는 방법도 교재에서 충분히 다루고 있습니다." 그녀는 그렇게 말하며 싱긋 미소를 지었다.

여섯 개 회사의 오너, 그중 네 개는 다른 사람에게 사장직을 위임했다

이시이 씨는 앞에서 소개한 〈아무것도 하지 않아도 월 500만 원! 행복하게 프티 리타이어 하는 방법〉, 〈여자 아나운서 합격 선언〉, 〈온라인 취업 예비 학교, 고코로 신데렐라〉라는 세 가지 사이트 외에도 〈90일 만에 연인이 생기는 대화 미인 양성 강좌, 애인 만들기〉도 운영하고 있다. 게다가 SNS, 마음 다스리는 방법 제공, 코칭, 인터넷 마케팅, 역술가 양성 등 여러 분야에 회사를 세우며 총 여섯 개 회사의 오너가 되었다.

그중에서도 그녀가 '역술가 알퐁스 이시이'로서 직접 전개한 역술가 양성 회사는 자금을 만드는 강력한 포인트다. 3일 동안의 합숙 비용은 무려 970만 원! 수강생을 모으기에는 너무 높은 가격이라는 생각도 들지만, '강좌 개설이 확정되면, 1회 정원인 6명이 꽉 찬다'라는 이시이 씨의 이야기는 너무나 놀라웠다.

"여섯 개 회사의 오너라고 해도, 그중에 네 곳에는 출자만 하고 있고, 경영은 다른 사람에게 위임하고 있기 때문에 저는 아무것도 하지 않습니다. 지금은 경영의 의사결정과, 나머지 시간에 책 집필 정도를 하고 있지요. 집필은 오후 1시 정도에 마무리하고, 이후에는 거리 이곳저곳을 돌아다니거나 사람들을 만나는 것이 일상입니다. 그렇게 제가 프티 리타이어를 실현한 이후, 무엇을 하고 있는가 하면… 바로 작가입니다. 물론 마감에 쫓기는 일 없이 즐기면서 하고 있기 때문에 스트레스는 하나도 없습니다."

애초에 '하지 않기 때문에 할 수 없는 것'이다

이시이 씨만의 특별한 점은 '생각난 일은 일단 시도한다'라는 생각을 철저하게 지키고 있다는 점이다. 예를 들어 사업에 대한 뜻을 품고 처음 시도했던 음반 발매는 성공할 것이라는 예측은 도저히 할 수 없었지만, 일단 도전했다. "저는 실패해도 몇 번이고 다시 일어섭니다. 실패하면 그 원인이 있을 테니 그를 하나하나 정복해 나가면 언젠가는 반드시 성공하겠지요. 애초에 '하지 않기 때문에 할 수 없는 것'입니다. 저의 홈페이지나 책을 보고 '프티 리타이어는 좋은 것이다'라고 생각해도, 대부분은 '언젠가 해야지'로 끝나버리고 맙니다. 바로 결심하고 교재를 주문하는 사람은 매우 극소수입니다."

그는 미소를 머금으며 말했지만, 일리가 있는 말이었다. 그리고 이렇게 말을 이어갔다. "저는 모든 것을 자신만의 방법으로 시도하여 성공할 수 있다고 생각하는 사람도 이해할 수 없습니다. 도쿄대에 가고 싶으면 모두 학원에 다니거나 과외를 하잖아요? 그런데 비즈니스와 관련해서는 모두 무료로 하고 싶어 합니다. 그렇게 성공하려고 하니, 당연히 무리지요. 앞으로 프티 리타이어뿐만 아니라 사업을 시작하고 싶은 사람에게 '성공할 때까지 계속하라', '모르면 하지 마라'라는 두 가지 조언을 하고 싶습니다."

그의 홈페이지나 저서를 읽으면 이해하겠지만, 그는 항상 공부하고 노력한다. 따라서 '즐기면서 돈을 벌자'라는 얄팍한 생각으로 프티 리타이어를 목표하려는 사람은 굉장히 냉정하게 바라보기도 한다. 장밋빛 프티 리타이어 생활을 손에 넣기 위해서는 이시이 씨에게 지지 않을 만큼 강렬한 의지가 필요하다는 점을 명심해야 한다.

이시이 다카시 씨에게 배우는 시스템 구축의 비결

① 포장, 배송, 집금 등 시간과 비용이 필요한 업무는 모두 아웃소싱하며, 철저히 자동화한다.

② 유일무이하며 이익률 75% 이상, 자신의 몸을 움직이지 않아도 되는 상품을 추구한다.

③ 생각하고 결심한 일은 우선 시도한다. 그리고 성공할 때까지 포기하지 않는다.

시스템 데이터 파일 3　　　　　　　　이시이 다카시(Ishii Takashi)

▶ 레이팅(Rating)

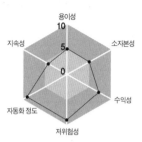

온라인 판매와 아웃소싱 서비스를 연계함으로써 거의 완전한 자동화 시스템을 실현할 수 있다. 단 사무를 대행해 주는 아웃소서를 이용하는 데 월 100~150만 원이 필요하므로, 당연히 그에 적합한 수준의 매출이 요구된다. '유일무이하고 이익률 75% 이상이며 본인은 움직이지 않아도 되는' 상품을 찾는 것은 사실 평범한 이들에게는 장벽이 높다. 따라서 이에 대한 해결 방법이 포인트라 할 수 있다.

▶ 시스템(System)

온라인 판매와 아웃소싱을 이용한 시스템

▶ 카테고리(Category)

인터넷 비즈니스

▶ 만든 이(Maker)

이시이 다카시

▶ 프로필(Profile)

1973년 출생. 게이오기주쿠대학 경제학부 졸업 후, 지방 방송국 아나운서로 입사하여 5년간 근무하였다. 2002년에 퇴직하고 다음 해인 2003년, 유한회사 고코로 신데렐라를 설립하였다. 그 후 아무것도 하지 않아도 수입을 얻을 수 있게 된 경험을 써내려간 '프티 리타이어' 교재를 판매하기 시작했다. 저서로는 《아무것도 하지 않아도 월 500만 원! 행복하게 프티 리타이어 하는 방법》 등이 있다.

▶ URL

이시이 다카시 공식 사이트 http://www.kokorocinderella.com

"지금은 비즈니스 도서의 베스트셀러 작가!"

《머리가 좋아지는 1분 공부법》은 최근 좀처럼 볼 수 없는 엄청난 베스트셀러다. 한국에서 2011년 1월에 출간된 이 책은 입소문을 타고 서서히 팔리기 시작하다가, 어느 순간 폭발적인 인기를 끌었다. 다음 해에는 일본에서 비즈니스 도서 연간 베스트셀러 순위 1위에 빛났으며, 현재 50만 부 이상의 판매를 기록했다.

《머리가 좋아지는 1분 공부법》의 저자는 이시이 다카시 씨다. 2007년 취재 당시 '프티 리타이어를 실현하고 현재는 작가로 활동 중'이라고 얘기했던 그는, 그 후 약 1년 만에 베스트셀러 작가의 반열에 올랐다. 이어서 출간한 《1초에 1단어씩 60번 복습하는 1분 영단어 1600》, 《머리가 좋아지는 1분 영단어 공부법》 등도 계속해서 도서 랭킹 상위에 올랐다. 이제 세상에는 '프티 리타이어를 말하는 이시이 씨'가 아니라 '1분 시리즈의 이시이 씨'로 더 잘 알려져 있다.

인터넷 비즈니스에서 '은퇴'를 선언하다

그렇다면 이 책의 초판을 출간한 이후, 이시이 씨의 발자취를 따라가 보겠다. 2008년 1월, 그는 갑자기 프티 리타이어의 교재 판매를 포함한 인터넷 비즈니스에서의 '은퇴'를 표명했다. "인터넷 세계에는 블로그, SNS 등 계속해서 새로운 것들이 등장하고, 마케팅 비법도 변화하고 있습니다. 그에 따라 새로운 노하우를 체득한 대단한 사람들이 잇따라 등장하고 있지요. 그 말은, 2003년, 2004년 쯤에 인터넷 비즈니스 분야에서 새로운 트렌드를 이끌어왔다고 자부했던 제가, 오히려 트렌드를 따라가지 않다가 그들에게 패배할 위험이 있다는 것입니다.

그동안 제가 강조했던 '인터넷에서 이익률이 높은 상품을 자동으로 판매한다'라는 비즈니스 수법을 표면적으로 도용하여 완전히 알맹이가 없는 정보 상품을 판매하는 등 심히 걱정스러운 비즈니스를 전개하는 이들도 등장했습니다. 그들과 동일한 취급을 받고 싶지는 않습니다. 그래서 저는 '6개월 후, 인터넷 비즈니스에서 모두 손을 뗄 것'이라고 선언한 것입니다."

그 시점에는 다음에 무엇을 할지 전혀 고민하지 않았다는 이시이 씨. 엔터테인먼트 소속사에 들어가 방송인이 될지, 아니면 새로운 사업을 시작할지 여러 가지를 막연하게 고민했다고 한다. 그러다가 전부터 알고 지내던 출판사로부터 책을 써보지 않겠냐는 제안이 들어온 것이다.

"책의 주제를 고민하다가, 공부법에 대한 책은 어떨까 하는 생각이 들었습니다. 저는 대입 수험생 시절, 독자적인 공부법으로 시험 편차치를 단숨에 30에서 70까지 올려, 게이오기주쿠대학에 합격한 경험이 있었습니다. 그 노하우를 체계적으로 정리하여 책으로 써봐야겠다고 생각했습니다."

그렇게 쓴《머리가 좋아지는 1분 공부법》이라는 책은 앞서 말한 것처럼 엄청난 베스트셀러가 되었다. 그는, 내용은 물론이고 '1분'이라는 쉽게 기억할 수 있는 제목과 저명한 디자이너를 기용한 표지 디자인도 대박 요인이 되었다고 분석한다.

"프티 리타이어를 버린 순간,《머리가 좋아지는 1분 공부법》의 아이디어가 번뜩였습니다. 역시 과거의 성공 경험에만 묶여있었다면 참신한 발상은 떠오르지 않았을 것입니다. 어쩌면《머리가 좋아지는 1분 공부법》의 독자 중에 프티 리타이어에 관해 알고 있는 분은 거의 없을 것입니다."

성공을 바탕으로 새로운 시스템을 향해 나아가다

'그렇게 빠른 시일 내에 베스트셀러 작가가 되었다니, 역시 이시이 씨'라는 이야기를 하려는 것이 아니다. 이렇듯 성공을 바탕으로 새로운 시스템을 구축한 것이 그의 진면목이다. 그는 계속해서 다양한 〈1분 시리즈〉를 확장하기 위해 노력했다. 이후 그는 먼저 출간한 《1초에 1단어씩 60번 복습하는 1분 영단어 1600》을 시작으로 《1분 영숙어 1400》, 《1분 영문법 1600》, 《1분 일본사》, 《1분 세계사》, 《1분 수학》 등 수험 참고서 분야에 집중하여 〈1분 시리즈〉를 넓혀 나갔다.

"저와 비슷한 세대는 대부분 《시험에 나오는 영단어》, 《시험에 나오는 영숙어》를 구매해 공부했습니다. 이들은 크게 개정하지 않아도 매년 꾸준히 팔리는 책으로, 40년 이상 저자에게 연간 수억 원의 수입이 들어온다는 이야기를 듣고 매우 대단하다고 생각했습니다. 게다가 타이밍 좋게, 이사한 아파트에서 유명 수험 참고서의 저자였던 분을 만나, 의기투합하게 되었습니다. '1분'이라는 노하우를 활용해 수험 참고서 시리즈를 기획하자는 이야기가 나온 것입니다."

'장기적 수입의 흐름'을 보다 강하게 의식한다

물론 이시이 씨가 수험 당시 선택하지 않았던 일본사 등의 과목도 있었는데, 그런 과목은 우수한 학생을 고용하여 글을 쓰게 한 후, 이시이 씨가 '1분' 노하우에 따라 감수하는 형태로 책을 만들었다. 지금까지 〈1분 시리즈〉는 《머리가 좋아지는 1분 공부법》을 포함해 일본에서 모두 16권이 출간되었다. 누계 100만 부에 도달했다니 매우 놀라운 기록이다. 게다가 '수험'이라는 것은 대규모의 제도 혁명이 일어나지 않는 한, 언제까지나 있으며 매년 일정 수의 수험생도 반드시 있다. 그와 함께 이시이 씨의 책도 계속해서 판매되는 것이다.

"물론 매년 꾸준히 수만 권이 팔리기 때문에, 한 번에 확 인세가 들어오지는 않습니다. 하지만 〈시험에 나오는 시리즈〉와 마찬가지로 크게 시간과 비용을 투자하지 않아도 지속적으로 팔린다는 점이 매력입니다. 최근에는 한 번에 바짝 벌면 끝이 아니라, 장기적 수입의 흐름을 창출해야 한다는 것을 더욱 강하게 의식하게 되었습니다. 그로써 제가 가장 중요하다고 생각하는 '자유'에 더 가까워질 수 있기 때문입니다."

물론 《머리가 좋아지는 1분 공부법》의 내용을 더욱 깊게 배울 수 있는 홈스터디 강좌를 판매하거나, 합숙을 개최하는 등 여러 방면으로 다양하게 확장해 나가는 이시이 씨. 최근에는 〈1분 시리즈〉의 새로운 작품으로 '1분 영어One Minute English'라는 영어 학습 교재를 개발하여 판매를 시작했다고 한다. 시스템을 구축하는 데도 뛰어났던 자유분방하고 거침없는 아이디어로, 그는 자유로운 인생을 마음껏 누리고 있다.

비즈니스와 관련해서는 모두 무료로 하고 싶어 합니다. 그렇게 성공하려고 하니, 당연히 무리지요. 앞으로 프티 리타이어뿐만 아니라 사업을 시작하고 싶은 사람에게 '성공할 때까지 계속하라', '모르면 하지 마라'라는 두 가지 조언을 하고 싶습니다." 그의 홈페이지나 저서를 읽으면 이해하겠지만, 그는 항상 공부하고 노력한다. 따라서 '즐기면서 돈을 벌자'라는 얄팍한 생각으로 프티 리타이어를 목표하려는 사람은 굉장히 냉정하게 바라보기도 한다. 장밋빛 프티 리타이어 생활을 손에 넣기 위해서는 이시이 씨에게 지지 않을 만큼 강렬한 의지가 필요하다는 점을 명심해야 한다.

메일 뉴스레터로
축적한 연 수입
2억4,000만 원의
시스템

월수입 20만 원이라도,
2,000만 원이라도
제가 들이는 수고는 동일합니다.
그것이 바로 메일 뉴스레터의
이점입니다.

모리 히데키

1일 1시간으로 월수입 2,000만 원

〈경영 전략고(経営戦略考))〉라는 메일 뉴스레터가 있다. 이는 일본 '4대 닛케이'(니혼게이자이신문, 닛케이산업신문, 닛케이 유통신문 MJ, 닛케이금융신문)에서 매회 기사를 한 편 선정하여 그 배경이나 전망 등을 분석하고 해설한다. 경영 전략이나 사업 전략 구축에 활용하는 교훈을 독자에게 전달한다. 이는 기업 경영자나 기업가, 사업가에게 중요한 내용이다. 거의 매일 발간되는 〈경영 전략고〉의 발행 부수는 약 5만 8,000부다. 개인이 발행하는 메일 뉴스레터 중 틀림없이 가장 인기 있는 뉴스레터로 알려져 있을 것이다.

〈경영 전략고〉는 1999년에 발행을 시작한, 오래된 메일 뉴스레터로, 생긴 지 얼마 되지 않은 신생 뉴스레터가 아니다. 아는 사람은 모두 아는 이 메일 뉴스레터의 발행인은, 중소기업을 위한 컨설팅, 기업 지원, 세미나 기획 및 운영 등을 하는 모리 히데키(森 英樹) 씨다.

메일 뉴스레터의 구독료는 무료다. 대신 광고란을 마련하여 거기에서 수입을 얻는, 고전적인 광고 수입 모델로 이루어져 있다. 뉴스레터의 서두 부분에 해당하는 '헤더 광고'에 게재하기 위한 비용은 1회에 36만7,500원이며, 3회는 할인된 패키지 금액으로 84만 원이다. 뉴스레터의 중간 정도에 위치하는

'중간 광고'는 1회와 3회가 각각 26만2,500원과 63만 원이다. 메일의 마지막에 오는 '푸터 광고'는 각각 31만5,000원과 73만 5,000원(금액은 모두 2007년 기준)이다. 광고 의뢰는 매회 비즈니스 세미나, 인재 육성 관련, 정보 기업 관련, 구인, 인재 소개 등 폭넓은 분야에서 끊임없이 들어온다.

매일 발행하는 뉴스레터 이외에, 비정기적으로 '호외 PR 뉴스레터'도 발행한다. 이는 광고주의 사업이나 상품을 소재로 선정하고 모리 씨의 코멘트를 덧붙여 정리한 기업 PR 뉴스레터이며, 한 달에 약 20편을 배포한다. '호외 PR 뉴스레터'는 한 편당 94만5,000원의 광고 수입을 얻을 수 있다.

이를 모두 더하고, 광고 대리점에 주는 수수료 20%를 제외하면 월평균 광고 수입은 약 2,000만 원이다. 그러니 연간 2억 4,000만 원의 수입이 생기는 것이다. **말할 필요도 없이 보통 사람들의 용돈벌이 수준은 이미 뛰어넘었다. '최장수 메일 뉴스레터'에 어울리는 수입**이다.

이 정도의 광고 수입을 산출하는 메일 뉴스레터. 일반적으로 기사 집필이나 광고 모집, 접수, 요금 징수 등의 자질구레한 일들로 꽤 많은 시간과 비용이 필요하다고 생각할 것이다. 그러나 실제로 '그 정도의 수고는 아니다'라고 말할 수 있다.

'4대 닛케이'에서의 주제 선별은 인터넷에서 모든 지면 기사를 열람할 수 있는 '닛케이 텔레콤NIKKEI TELECOM' 사이트를 활용한다. 경영 전략이나 사업 전략에 관련된 키워드를 미리 설정하면, 그 조건에 맞게 걸러진 기사들이 저절로 전송된다. 모리 씨는 그 가운데 특히 눈에 띄는 기사를 선별하여 소재로 삼을 뿐이다. 기사에 대한 분석이나 해설은 확실히 높은 전문성을 요구하지만, 그의 본업인 컨설팅 능력을 발휘하면 그렇게 어려운 일도 아니다. 실제로 그가 집필하는 데 걸리는 시간은 1시간 정도라고 한다.

광고의 70%는 계약을 맺고 있는 광고 대리점이 가지고 온다. 나머지 30%도, 기본적으로 광고 게재를 희망하는 자가 홈페이지에 준비된 신청서를 기입하여 전달하는, 반자동적인 시스템에 의해 들어온다. 게다가 신청 접수나 요금 징수는 모리 씨가 아닌, 고용된 어시스턴트가 처리한다. 다시 말해 모리 씨의 실질적인 작업은 주제를 검색한 후의 1시간 집필만 해당하는 것이다. 그는 이렇게 말한다.

"글을 쓰는 시간은 예전부터 변함이 없습니다. 그래서 광고 수입이 월 20만 원이라도, 2,000만 원이라도 들어가는 노동력은 동일합니다. 수입이 늘어나면 일반적으로 작업의 양이나 부담이 증가하겠지만, 메일 뉴스레터는 그렇지 않습니다. 그것이 메일 뉴스레터의 이점입니다."

하루에 오직 한 시간으로, 대기업 사장 못지않은 엄청난 수입을 저절로 얻고 있다. 게다가 작업량은 변함이 없고, 수입만 증가하는 중이다. 바로 이것이 시스템이다.

'주말 기업 포럼'의 시작

모리 씨가 메일 뉴스레터를 시작한 계기는 물론 '돈을 벌기 위해서'였지만, 그 외에도 다양한 이유가 있다.

"1999년 당시, 저는 컨설팅 회사에서 근무하고 있었는데, 실적이 좋지 않아 월급도, 성과급도 줄어드는 상황이었습니다. 그것이 '메일 뉴스레터를 하면서 돈을 벌어야겠다'는 동기로 연결된 것은 확실합니다. 하지만 나아가 '언젠가는 독립해 보고 싶다'고 꿈꾸며 저의 이름을 세상에 널리 알린다던가, '내 생각이 얼마나 세상에 통용되는지 시도해 보고 싶다'는 마음도 있었습니다. 4대 닛케이를 다룬 것도 그래야 제가 매일 신문을 읽을 것이기 때문입니다. 결국 저를 위한 일인 것이지요. 그 시절에는 개인이 자기만족을 위해 발행한 메일 뉴스레터가 많았고, 비즈니스적인 측면을 다루는 것은 거의 없었기 때문에 참신한 〈경영 전략고〉로 독자를 모을 수 있다고 여겼습니다."

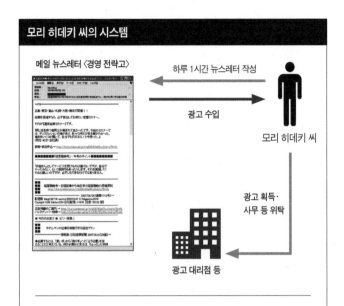

모리 히데키 씨의 시스템

메일 뉴스레터 〈경영 전략고〉

하루 1시간 뉴스레터 작성

광고 수입

모리 히데키 씨

광고 획득·
사무 등 위탁

광고 대리점 등

4대 닛케이에서 기사를 한 편 선정하여, 그 배경이나 전망을 컨설턴트의 시점으로 분석하고 해설한다. 발행 부수는 5만 8,000부로, 거의 매일 발송한다. 헤더 광고, 중간 광고, 푸터 광고로부터 얻는 수입과 〈경영 전략고〉와 별개로 발송되는 '호외 PR 뉴스레터'의 수입도 있기 때문에, 모두 더하면 한 달에 약 2,000만 원, 연간 2억4,000만 원의 광고 수입을 얻는다. 광고는 광고 대리점이나 사이트를 통해서 받는다. 덕분에 모리 씨는 광고 사업에 전혀 손을 대지 않고, 집필에만 전념할 수 있다.

물론 처음부터 광고가 들어온 것은 아니다. 원래는 월 30만 원만 들어와도 두 손을 들고 기뻐했다. 6개월 후, **발행 부수가 1만 부를 넘었을 즈음부터는 딱히 손을 쓰지 않아도 계속 광고가 들어오게 되었다.** 발행 부수가 증가하면서 광고 수입 또

113

한 우상향한 덕분에 어느덧 그 수입은 직장인으로서 모리 씨가 얻는 수입을 앞지르게 되었다.

그런데 2001년, 전환기가 찾아왔다. 어느 날 뉴스레터의 독자에게 '코칭 클라이언트를 찾기 위한 광고를 내고 싶다'라는 의뢰가 들어온 것이다. '코칭'이란 모든 지식과 툴을 활용하여 고객의 목표 달성을 지속해서 서포트하는 서비스로, 오늘날은 인재 육성이나 사업 지원의 주요한 수법이지만, 당시에는 아직 널리 알려지지 않았다.

"조사해 보니 매우 재미있는 분야 같았습니다. 제가 하는 컨설팅도 사실은 코칭에 더 가깝다는 것을 깨달았습니다. 그래서 재빨리 그 사람에게 연락하여 함께 세미나를 개최하기로 했습니다."

자신의 메일 뉴스레터에 광고를 게재해 코칭 세미나의 수강생을 모집한 결과, 40명 정원이 순식간에 마감되었다. 그는 **'다른 사람의 사업을 홍보하여 광고 수입을 얻는 것도 좋지만, 자신의 상품을 홍보하면 그 이상으로 돈을 벌 수 있다'**라고 생각했다. 그래서 필요한 인재를 갖추어 다음 연말에 '긴자 코칭 스쿨GCS'을 개강했다. 메일 뉴스레터로 세미나 개최를 고지하고, 수강생을 모집하는 방법으로 '긴자 코칭 스쿨'을 궤도에 올려놓았다. 다음 해인 2002년, 그는 처음 목표였던 독립을 이루었다.

게다가 독립을 전후해서, 모리 씨에게는 운명적인 사건이 기다리고 있었다. 바로 '주말 기업 포럼'의 창설이다. 주말 기업이란 직장을 다니면서, 주말 등 비어 있는 시간을 이용해 소자본으로 창업하는, 새로운 콘셉트의 기업이다. '주말 기업 포럼'의 발안자는 《주말 기업》의 저자, 후지이 고이치(藤井 孝一) 씨다.

후지이 씨는 원래 모리 씨가 근무하던 컨설팅회사의 컨설턴트 양성 강좌의 학생이었다. 모리 씨가 안면이 있던 후지이 씨에게 《주말 기업》의 출간 기념으로 세미나 개최를 제의했다. 이것이 발전하여 창업 희망자를 지원하는 단체인 '주말 기업 포럼'이 탄생한 것이다.

그 후 모리 씨는 창업을 위한 컨설팅이나 교육 프로그램의 제공, 회원 간 교류 이벤트 실시 등 바쁘게 뛰어다니며 수많은 '주말 기업가'를 배출했다. 사실 이 책에서 케이스 스터디로서 살펴본 곤도 씨, 오쿠야마 씨, 다부치 씨도 '주말 기업 포럼'의 회원이다. 회원 수는 약 2,000명이며, 부동의 '기업가 조직의 실력자'로서 확고한 지위를 구축하고 있다.

처음 제안한 그의 이름은 '주말 기업 포럼'의 일련의 활동과 함께 전국으로 알려져, 일약 유명 컨설턴트 순위에 이름을 올렸다. 그 실적이 모리 씨의 메일 뉴스레터 〈경영 전략고〉의 매체력을 크게 향상시켰다는 것은 너무나 당연한 일이다.

포인트는 테마 선택과 양질의 독자

아무튼 광고 수입 연 2억4,000만 원은 개인 메일 뉴스레터로는 매우 놀라운 숫자다. 물론 모리 씨 개인의 기획력이나 분석력, 표현력 등에 의지한 부분이 많다고 생각하지만, 참고가 될 만한 어떠한 비법이나 노하우는 없는 것일까?

"우선 다른 곳에 없는 형태로 설정하는 것이 중요합니다. 저처럼 일간의 형태로 빈번하게 내보낸다면, 소재가 고갈되지 않는 테마를 선정해야 한다는 점도 중요합니다. 저는 소재가 '4대 닛케이'라고 미리 홍보하여, 독자의 흥미를 유발했습니다. 현장을 잘 알고 있는 컨설턴트가 경영 전략을 작성한다는 점에서 독자성을 갖고 있지요. 요점은 자신의 경험을 살릴 수 있는 분야에서 집필하는 것입니다. 〈경영 전략고〉의 출처는 매일 다양한 분야의 기사가 실리는 '4대 닛케이'이기 때문에 곤란한 점은 없습니다."

광고 단가를 고려한 테마도 생각해 본 적이 있다고 한다. 예를 들어 책을 테마로 하면 책의 가격이 아주 비싸지 않기 때문에 광고 요금도 높게 설정할 수 없다. 하지만 부동산이나 금융 상품 등을 취급하면, 단가를 높게 설정해도 광고가 붙을 가능성이 높다는 것이다.

더불어 구글의 검색형 광고 서비스인 구글 애즈의 광고 요금도 참고가 된다고 한다. 구글 애즈 광고는 광고주가 검색 키워드를 구입하면, 일반 사용자가 그 키워드를 검색했을 때 결과 화면에 광고를 노출하는 것이다. 수요가 있는 키워드일수록 단가는 높아진다. 다시 말해 단가가 높은 키워드를 테마로 선택해야 한다. 더불어 틈새시장을 노리는 것도 중요하다. **의사들이 주로 읽을 법한 뉴스레터는 발행 부수가 1만 부라고 하더라도 광고 단가는 틀림없이 높을 것이다.** 다만 무엇보다 소재가 고갈되는 일 없이 계속 쓸 수 있어야 한다는 것이 절대 조건이다.

모리 씨는 독자의 수준에 대한 고집도 포인트라고 말한다. "사은품을 내걸고 독자를 모아도, 독자의 수준만 나빠집니다. 그래서 저는 절대 사은품을 제공하지 않습니다.

그 대신 인터넷에서 제 뉴스레터를 선전하는 등 홍보에 돈을 들여 독자를 모집합니다. **이른바 돈으로 독자를 사는 셈이죠. 독자의 획득 단가는 1인 2,000원 이상입니다. 그렇게 좋은 독자를 일정 수 유지한다면 광고주에게 신뢰성이나 효과를 어필할 수 있습니다.**"

아직 모리 씨의 강의는 끝나지 않았다. 그런 부분에서 역시 그는 컨설턴트답게 밀고 당기기가 매우 뛰어나다.

"작성 방법에도 연구가 필요합니다. **메일 뉴스레터는 어떻게 고객의 구독 해지를 줄일 것인지가 과제이며, 독자가 매회 '도움이 되었다'라고 만족하고, 또 읽어보고 싶다고 생각하게 만드는 장치가 필요합니다.**

저의 뉴스레터의 마지막에 나오는 '오늘의 교훈'이 그 장치에 해당합니다. 글을 끝맺으며 바로 행동으로 옮길 수 있는 포인트를 알려주는 것입니다. 그것이 독자에게 '도움이 되는 느낌'으로 다가간다고 생각합니다. 이러한 장치가 있고 없고는 천지차이입니다.

그리고 **뉴스레터를 항상 동일한 시간에 발행하는 것도 중요한 포인트입니다.** 광고주에게 뉴스레터의 발송 시간은 타깃층을 고려할 때 매우 중요하기 때문입니다. 의외로 이를 지키지 않는 곳이 많습니다. 참고로 저는 본업이 있기 때문에 메일 뉴스레터를 밤 11시에 발송하고 있습니다."

그와 더불어 모리 씨는 뉴스레터의 발신 경로를 다양화해야 할 필요성도 지적한다. 다양한 뉴스레터 포털 사이트에 〈경영 전략고〉를 등록하고 있으며, 직접 운영하는 사이트에서도 발송하고 있다. 폭넓은 채널을 통해 보다 많은 독자에게 발송을 시도하는 동시에 하나의 포털 사이트가 폐쇄될 때를 대비하여 위험성을 방지할 수 있도록 한다.

포털 사이트나 블로그와의 연계도 고려한다

그는 미래에도 영원히 이 뉴스레터만의 광고 수입 모델이 존속한다고는 생각하지 않는다. 인터넷 세계는 날이 갈수록 발전하고 있다. 오늘날에는 블로그 등 사용자 발신형의 CGM Consumer Generated Media이 영향력을 키워가고 있으며, 뻔한 수법만 고집하는 것은 돌이킬 수 없는 실패의 원인이 될 수 있다.

"앞으로는 메일 뉴스레터도 포털 사이트나 블로그와 연계할 필요가 있습니다. 아마존이나 라쿠텐처럼 어떤 분야의 포털 사이트를 만드는 것입니다. 그렇게 사용자를 세분화하고, 메일 주소를 받아 메일 뉴스레터를 발송합니다. 또는 뉴스레터는 콘텐츠의 제목이나 캐치카피만 작성하여 발송하고, 내용은 블로그에서 읽게 만듭니다. 이런 방법은 독자가 스크롤을 내리며 긴 글을 읽을 필요 없이, 흥미로운 기사만 선별하여 읽을 수 있습니다.

이러한 방식으로 인기를 모으고 있는 것이 바로 일본 인터넷 및 미디어 관련 기업인 주식회사 라이브도어Livedoor의 메일 뉴스레터입니다. 이렇게 뉴스레터도 차기 대책을 강구한다면 포털 사이트나 블로그의 광고, 뉴스레터의 광고 등 여러 곳에서 광고 수입을 얻을 수 있습니다."

다시 말해 그는 개인이라도 메일 뉴스레터의 푸시형 광고(사용자에게 제품이나 콘텐츠를 제공하면서 하는 광고 - 역주)와 포털 사이트, 블로그 등의 풀형 광고(고객이 스스로 모바일 광고를 이용하는 능동형 광고 - 역주)를 적절하게 배치하는, 좁은 의미에서 미디어 믹스적인 전개가 필요하다고 말한다. 직장을 다니다가 독립하여 활동하는 오늘날에 이르기까지, 모리 씨는 수많은 중소기업의 다양한 신규 사업 전략을 다루었다. 메일 뉴스레터도 현재에 안주하지 않고, 언제나 새로운 전개를 펼쳐나가고 있다. 자기 자신의 비즈니스에 대한 컨설팅에도 빈틈이 없다.

모리 히데키 씨에게 배우는 시스템 구축의 비결

① 소재가 고갈될 걱정이 없으며, 자신의 특성을 잘 살릴 수 있는 테마를 선택한다.

② 광고 단가는 독자의 수준에 직결하기 때문에 좋은 독자를 확보할 수 있도록 노력한다.

③ 뉴스레터의 마지막에는 비즈니스에 바로 활용할 수 있는 교훈을 제시하는 등 독자에게 '도움이 되는 느낌'을 주어 독자가 다시 선택하게 만든다.

시스템 데이터 파일 4   모리 히데키(Mori Hideki)

▶ **레이팅(Rating)**

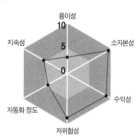

경제 기사를 분석하고 해설하는 높은 전문성에 의해 용이성은 낮다. 다만 모리 씨의 단면을 모방할 필요는 없으며, 자신의 특기 분야에서 테마를 설정하면 저절로 용이성은 높아진다. 소자본성, 수익성, 위험이 적은 점은 매우 매력적이다. 매일 뉴스레터를 작성해야 할 필요가 있으므로 자동화 정도는 떨어지기 때문에, 시스템 구축의 측면에서 자동화 정도를 높일 수 있는 방법을 모색하는 것이 과제다.

▶ **시스템(System)**

메일 뉴스레터의 광고 수입에 의한 시스템

▶ **카테고리(Category)**

인터넷 비즈니스

▶ **만든 이(Maker)**

모리 히데키

▶ **프로필(Profile)**

1959년 출생. 일본 조치대학 외국어학부 영어학부 졸업. 기업을 대상으로 하는 영어 연수 서비스 회사의 사무부장을 지내다가, 경영 컨설턴트로 전향했다. 그의 전문 분야는 연 매출 100억 원 미만의 벤처, 중소, 중견기업을 위한 경영 전략 구축이며, 중기 경영 계획 책정, 신규 추진 지도에도 해당한다. 1999년 10월부터 메일 뉴스레터 〈경영 전략고〉를 발송하였으며, 2001년에는 실력 향상과 자립을 꿈꾸는 개인을 대상으로 '긴자 코칭 스쿨'을 개강하였다. 2002년에는 '주말 기업'을 제창한 후지이 고이치 씨와 함께 '주말 기업 포럼'을 창설하였다. 2006년 5월, 후지이 씨와 공동 출자로 주식회사 엔트렉트(Entrelect)를 설립하고 부사장으로 취임했다. 현재 '긴자 코칭 스쿨'의 대표도 겸임하고 있다.

▶ **URL**

긴자 코칭 스쿨 http://www.ginza-coach.com/

**"지금은 코칭 스쿨의 시스템으로
매출을 점점 쌓아가고 있습니다."**

메일 뉴스레터로 월 2,000만 원이라는 큰돈을 벌어들이며 '최장수 뉴스레터'라는 이름을 날리고 있었던 모리 히데키 씨. 지금도 여전히 뉴스레터 〈경영 전략고〉를 발행하고 있다. (2009년 7월 1939호를 마지막으로, 2022년 현재 〈경영 전략고〉는 연재가 중지되었다 - 역주) 정보를 취득하는 곳은 '닛케이 텔레콤'에서 '닛케이 전자판'으로 변경되었다. 발신 횟수가 주 1회로 감소하였지만, 그 이외의 방법은 달라지지 않았다. 다만 빠르게 변하는 인터넷 비즈니스 가운데 미디어로서 메일 뉴스레터의 가치도 상대적으로 감소하여, 메일 뉴스레터로부터 얻는 모리 씨의 수입도 전성기의 약 10%인 월 200만 원 정도로 격감하고 말았다.

"2007년 취재에 응했을 당시와 비교해, 현재 메일 뉴스레터의 수가 많이 증가하였으며, 블로그나 SNS도 등장했습니다. 메일 뉴스레터의 시스템은 앞으로 몇 년 남지 않았습니다. 무언가 다른 시스템의 소재를 찾아야만 하는 것이죠. 그런 생각을 계속하고 있습니다."

코칭 스쿨의 시스템으로 활로를 발견하다

모리 씨는 동료와 함께 제로(0)부터 일구어 나가며 도쿄에서 개교한 '긴자 코칭 스쿨'에서 활로를 발견했다(114쪽 참고). '긴자 코칭 스쿨'은 코칭과 관련된 일정한 커리큘럼을 수강한 후, 시험에 합격하면 '긴자 코칭 스쿨'이 승인한 강사가 될 수 있는 교육 사업이다. 하지만… 이후에 사실 실적이 기대만큼 증가하지 않아, 2004년에는 폐업을 해야 하는지 계속 이어가야 하는지 운명의 갈림길에 서게 되었다고 한다. 그래서 모리 씨는 커리큘럼을 쇄신하기로 다짐했다. 메일 뉴스레터로 얻은 수익 중 2,000만 원을 투자해 컨설턴트를 고용하고, 그의 조언을 바탕으로 대대적인 사업 개혁에 착수했다.

"덕분에 자신 있게 팔 수 있는 콘텐츠를 만들었습니다. 마침 이전 수강생에게 본인의 고향인 후쿠야마에서 분교를 열고 싶다는 제안이 들어왔습니다. 매출의 25%를 로열티로 받는다는 계약을 맺고, 교과서나 운영 방식을 그대로 전부 제공하였습니다. 그 후 프랜차이즈 형태처럼 오사카, 가네사와, 히로시마, 나고야 등으로 서서히 확장해 나갔습니다."

특히 주목해야 할 부분은 '긴자 코칭 스쿨'에서 수강한 후,

고향으로 돌아간 졸업생 가운데 의욕과 능력이 있는 사람을 강사로 세우고, 프랜차이즈 권리를 주어 분교를 개교하도록 만들었다는 점이다.

도쿄 본교에서 배우고 고향인 오사카로 돌아간 여성에게 제안하여 오사카 분교를 열게 한 것이다. 단신 부임 시절에 도쿄 본교에서 배운 후, 고향인 가네사와로 돌아간 남성이 가네사와 분교를 개교하였으며, 히로시마 출신자가 새로 생긴 오사카 분교에서 배우고, 고향으로 돌아가 히로시마 분교를 개교한 사례도 있다. 부모에게 아이가 생기고, 아이에게서 또 손자가 생기는 것처럼 차례차례 분교가 늘어나기 시작하였다.

프랜차이즈 전개에 속도를 높이다

2010년, 전환기가 찾아왔다. "그때까지는 커리큘럼이나 교육 방식을 개별적으로 전수하여 강사로 승인했는데, 이런 도제 제도 방식에는 한계가 있었습니다. 시스템으로 만들 수 있는 방법을 고민하다가 '승인 강사 양성 프로그램'을 새롭게 시작하였습니다. 그렇게 프랜차이즈 전개를 가속화할 수 있었었습니다."

다시 말해 ① 강좌를 수강하고, ② 승인 강사 양성 프로그램을 수강한 후, ③ 배출된 강사가 전국 각지에 분교를 설립하는, 이른바 일본의 '이에모토(家元) 제도'와 같은 시스템이 완성된 것이다. '이에모토 제도'는 다도나 무도 등의 분야에서 자신만의 독특한 방식을 체계화하여 제자에게 전달하고, 그 기능에 맞는 면허나 자격을 수여하는 사제 제도를 말한다. 그렇게 제자 중에 새로운 선생님이 탄생하고, 그 선생님에게 다시 새로운 제자가 생기는 흐름으로 조직은 끝없이 확장되어 본교에는 막대한 수익이 들어오게 된다.

'긴자 코칭 스쿨'에서는 2011~2012년에 프로그램 1기생을 배출하였다. 그러자 목표한 대로 그들은 본교와 프랜차이즈 계약을 맺고, 전국 각지에 분교를 열기 시작했다. 후쿠이, 고베, 삿포로, 군마, 하마마쓰, 기후, 아이치, 고지, 지바, 히메지, 오카모토…. 눈 깜짝할 사이에 '긴자 코칭 스쿨'은 전국 20개교로, 예상보다 많이 생겨났으며, 나고야 분교의 산하에 히마마쓰 분교와 기후 분교가 설립되는 이에모토 제도와 같은 현상도 일어나고 있다.

"이렇게 짧은 기간에 학교가 폭발적으로 증가하는 시스템이 완성되리라고는…."

가장 놀란 사람은 당연 모리 씨였다. 여기에는 몇 가지 성공 비결이 있다. 첫 번째는 모리 씨가 직접 '강단에 서지 않는다'라는 점이다. 모리 씨는 현역 컨설턴트이며, 교과서도, 커리큘럼도 모두 직접 만들고 있다. 강사로서는 안성맞춤이다. 그러나 어디까지나 그는 시스템을 구축하는 데 전념했다. 즉, 강사가 아닌, 관리자 업무에 더 신경 쓴 것이다. 만약 모리 씨가 간판 강사가 되었다면, 아마도 카리스마 강사가 되어 고객도 끌어들일 수 있었을 것이다. 그러나 그러면 그의 강좌 이외에는 사람이 모이지 않게 된다. 이렇게 되면 당연한 말이지만 프랜차이즈의 시스템은 성립하지 않는다.

그 대신 교과서와 커리큘럼을 철저하게 표준화하여, 노력에 따라 누구나 강사가 되어 분교의 경영자가 될 수 있는 과정을 만들었다. 시스템이 증식할 수 있는 계기를 마련한 것이다. 모리 씨는 '시스템에 카리스마는 필요 없다'라고 딱 잘라 말했다.

"가장 중요한 것은 학생보다도, 우선 선생님 수를 늘리는 것입니다. 일단 가르칠 수 있는 사람을 계속해서 육성한다면, 학생은 그 뒤로 얼마든지 따라올 것입니다."

이는 교육 사업에서는 무엇보다 눈앞의 학생 모집에 몰두하기 쉽지만, 사실은 수용할 수 있는 강사 수가 사업의 성공 여부를 결정한다는 의미다.

연 매출 6억 원, 연수익률 30% 경이적인 증가율

모리 씨는 프랜차이즈 이론도 도움이 되었다고 말한다. 일반적인 매장은 평당 매출 상승을 목표로 한다. 하지만 프랜차이즈는 오히려 낮은 매출에서도 성립할 수 있는 저비용 오퍼레이션을 확립하고, 무엇보다 매장 수를 늘려 박리다매로 돈을 번다. 마찬가지로 모리 씨도 '바쁜 매장은 필요 없다'라고 단언한다. 한 강좌에 8~10명이 적절하며, 1~2명 더 많아도 상관없다. 그보다 분교의 수를 늘리는 데에 전념하는 것이다.

현재 전국적으로 40명의 강사를 보유하고 있으며, 누적 수강생 수는 약 6,000명이다. 수강료는 40만~50만 원 정도로, 전국 각지의 분교로부터 모리 씨의 회사에 매월 25%의 로열티가 들어온다.

"연매출은 약 6억 원으로, 매년 30%씩 증가하고 있습니다. 최근에는 이러한 코칭 스쿨의 시스템으로 돈을 벌고 있습니다."

모리 씨는 이렇게 말하며 미소를 지었다. 앞으로 강사 양성 프로그램으로 2기생, 3기생을 계속해서 배출한다면, 어쩌면 조금 무서울 정도로 거대한 시스템이 될지도 모른다.

"미래에는 일본 전국에 200개 분교까지 확장하고 싶습니다. 그리고 아시아 진출도 계획 중입니다. 이런 스쿨 운영 시스템 자체도 외국에 판매하고 싶어요."

모리 씨는 그렇게 말하며 자신의 비전을 그렸다. 분교 200개라면 지금의 10배다. 제멋대로 김칫국부터 마시면 연 매출은 60억 원이 된다. 나아가 그는 '마지막에는 긴자 코칭 스쿨 대표를 후배에게 물려주고, 본인은 다른 시스템을 고안하고 싶다'라고 말한다. 긴자 코칭 스쿨의 성공은 모리 씨의 시스템 구축에 대한 야망에도 불을 지핀 것 같다.

※ 앞서 37쪽에서 '프랜차이즈 사업은 시스템으로 간주하지 않는다'라고 말했다. 그러나 모리 씨가 전개한 스쿨 사업은 프랜차이즈 사업이면서도, '승인 강사 양성 프로그램' 등 훌륭한 시스템을 도입하여 운영에 대한 시간과 비용으로부터 해방되고자 했기 때문에 시스템으로서 인정하고, 이 책에서 소개하기로 했다.

모리 히데키 씨에게 배우는 시스템 구축의 비결

① 소재가 고갈될 걱정이 없으며, 자신의 특성을 잘
   살릴 수 있는 테마를 선택한다.

② 광고 단가는 독자의 수준에 직결하기 때문에 좋
   은 독자를 획득할 수 있도록 노력한다.

③ 뉴스레터의 마지막에는 비즈니스에 바로 활용할
   수 있는 교훈을 제시하는 등 독자에게 '도움이 되
   는 느낌'을 주어 독자가 다시 선택하게 만든다.

드롭쉬핑에 의한
시스템을
세계에 전개하다

비결은 고객 리스트를 활용해
그들이 반복해서
구매하게 만드는 것입니다.

도미타 다카노리

'시스템'으로 연 수입 수억 원

드롭쉬핑Dropshipping이라는 인터넷 유통 방식이 화제다. 2006년부터 서서히 보급되기 시작하면서 개인 사용자의 새로운 수익 창출 수단이 되었다. 인터넷 관련 사업을 중점적으로 하는 주식회사 고우켄(弘兼)의 경영자 도미타 다카노리(富田貴典) 씨는 드롭쉬핑 방식과 뛰어난 영어 실력을 바탕으로 전 세계의 고객으로부터 자동으로 돈이 들어오는 시스템을 만들었다. 이른바 '시스템을 이끌어가는 사람'이라고 할 수 있다.

우선 제휴 마케팅Affiliate은 자신의 웹사이트에서 상품을 소개하고 링크된 상품 판매 사이트로 고객을 유도하여, 상품이 팔리면 일정한 수수료를 얻는다. 이는 소위 사람을 흘려보내는 시스템에 불과하다.

반면 드롭쉬핑은 실제 제조사 등에서 공급되는 상품을 자신의 웹사이트에서 판매할 수 있다. 가격 결정권도 사이트 운영자에게 있다. 도매가와의 차액이 그대로 이익이 되는 것이다. 게다가 상품의 매입이나 발송, 주문 관리, 대금 회수, 결제, 상황에 따라서는 반품까지 모두 드롭쉬핑 서비스 회사가 대행한다. 재고가 없기 때문에 적은 비용으로 비교적 간단하게 온라인 쇼핑몰을 개설할 수 있는 새로운 방법의 서비스다. 드롭쉬핑 방식은 해외에서 먼저 시작되었는데, 2006년 쯤부터는 일본에도 드롭쉬핑 서비스를 제공하는 회사가 하나둘 등장하기 시작했다.

드롭쉬핑을 처음으로 일본에 소개하고 개척한 사람이 바로, 2005년 출간된 《일본인이 모르는 인터넷으로 수익을 창출하는 새로운 방법, 드롭쉬핑》의 저자 도미타 씨다. 소위 드롭쉬핑의 전도사라고 할 수 있는 그는 드롭쉬핑을 활용한 상품 판매 이외에도 다종다양한 인터넷 비즈니스를 전개하고 있다.

판매 대상은 일본 국내가 아니다. **호주에서 유학하며 쌓아온 영어 실력을 무기로, 미국, 호주, 영국 등 세계를 상대로 비즈니스를 펼치고 있다. 월수입은 무려 수천만 원으로, 연간 수억 원의 수입을 벌어들이고 있다. 그런데도 이 비즈니스에 투자하는 시간은 하루 약 1~2시간 정도밖에 되지 않는다. 그 정도의 시간으로 직장인의 평균 소득을 훨씬 앞서는 시스템을 만들어내고 있다.**

데이터 업로드만으로 월 수백만 원

도미타 씨는 일본의 드롭쉬핑 서비스 회사를 이용하지 않고, 미국 카페프레스Cafe Press라는 회사의 드롭쉬핑 서비스를 이용 중이다. 카페프레스는 회원으로 등록하면 누구나 간단하게 온라인 쇼핑몰을 개설할 수 있다. 자신의 디자인을 업로드만 하면 그 디자인이 새겨진 공식 상품을 판매할 수 있다.

예를 들어 도미타 씨는 愛(사랑), 空手(가라테), 闘志(투지), 龍(용) 등 외국인이 좋아할 만한 한자에 약간의 디자인을 입혀서 업로드했다. 자동으로 디자인이 반영된 티셔츠나 모자, 머

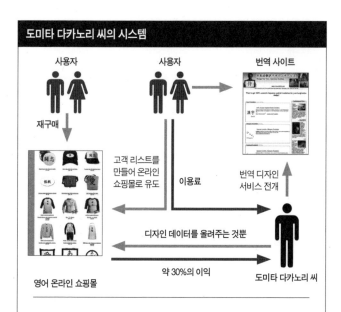

도미타 씨는 미국 카페프레스의 드롭쉬핑 서비스를 이용하여 영어로 온라인 쇼핑몰을 개설했다. 수주부터 포장, 배송, 대금 회수까지 모두 카페프레스가 대행하며, 월 수익은 수백만 원에 달한다. 이것과는 별개로 외국인을 위한 번역 사이트를 운영하며, 월 1,000만 원이 넘는 수익을 창출한다. 나아가 사이트 이용자를 고객 리스트로 만들고, 자동 회신 기능을 활용해 판촉 메일을 자동으로 발송하여, 그들을 효과적으로 온라인 쇼핑몰로 유도하여 이익을 창출한다.

그잔 등이 자신의 온라인 쇼핑몰 화면에 판매상품으로 진열되며, 그 외에도 카페프레스에서는 가방이나 달력, 시계, 인형, 배게, 앞치마, 마우스패드 등 다양한 상품을 취급하고 있다. 게다가 판매한다고 해도, 도미타 씨가 직접 티셔츠의 디자인 인쇄를 발주하거나 재고를 보유하고 고객의 주문을 받아 발송하는 것이 아니다. 이러한 것들은 모두 카페프레스가 대행해 주고 있다.

"저는 아무것도 가지고 있지 않고, 재고도 없습니다. 제가 어디에 있든지 상관없이, 고객이 주문하면 드롭쉬핑 업자가 알아서 배송해 줍니다. 게다가 그들이 고객에게 판매 대금까지 받아 주고 있습니다. 저는 업자가 매월 보내는 수표를 확인하기만 하면 됩니다. 이것이 바로 돈이 저절로 들어오는 시스템입니다."

도미타 씨는 막힘없이 이렇게 말했다.

일본인인 저자 입장에서는 '武士道(무사도)'라고 적힌 티셔츠가 정말로 팔리는지 의문이 들며, 또 그런 디자인의 머그잔은 본 적도 없다. 그러나 이러한 상품을 외국인 대상으로 하면, 흥미롭게도 팔리는 것이다.

예를 들어 한 장에 30달러(2007년 당시, 약 3만7,000원)인 티셔츠가 매일 꾸준히 판매된다. 도미타 씨에게는 원가에 부과한 약 30%가 이익이 된다. 그렇게 조금씩 조금씩 쌓인 이익은, 실제로 매월 수백만 원이 된다고 한다. 그냥 내버려 두어도 그 정도의 월수입이 들어오는 것이다. 엄청나게 이율이 좋은 시스템이다.

일반적인 온라인 쇼핑몰은 '이번 달에는 얼마를 매입했고, 얼마나 판매했을까'라며 일희일비하며, 상황에 따라 전전긍긍하게 되는 일도 있을 것이다. 하지만 도미타 씨에게는 그런 절박함이 없으며 그는 매우 무사태평하다. 드롭쉬핑 덕분이라고 얘기할 수밖에 없다.

시작은 번역 사이트

이렇게 간단하다면 누구나 할 수 있을 것만 같은 기분이 들지도 모른다. 그러나 시작하자마자 갑자기 수백만 원의 이익을 얻는 것은 당연히 불가능하다. 상품은 있어도 고객이 없다. 다시 말해 고객 모집이 가장 첫 번째 관문이다.

그런 점에서 도미타 씨는 영리한 방법으로 고객을 온라인 쇼핑몰로 유도하고 있다. 그 흐름은 다음과 같다. 다소 이야기가 길어지겠지만, 그 과정을 구체적으로 파악하길 바란다.

"먼저 정보를 무료로 제공하는 영어 웹사이트를 개설하여 세계 곳곳에서 고객을 모집합니다. 저의 전략은 모두 그 사이트에서 시작합니다. 지금은 영어를 일본어로 바꿔주는 번역 사이트를 운영하고 있습니다."

미국과 유럽에서는 일본어의 한자나 히라가나, 가타카나가 인기를 끌고 있다. 과거 'Japan is cool(일본은 멋있다)'이라는 세계적인 조류가 있었으며, 백인을 중심으로 일종의 일본 붐이 불었다. 특히 자기 몸에 한자를 새기는 '타투' 애호가가 증가하고 있다. 우연히 외국인 격투기 선수가 몸에 새긴 한자를 보았는데, 그 타투는 그렇게 특별한 글자가 아닌, 일반적으로 자주 쓰는 글자였다.

도미타 씨는 바로 그 점에 주목했다. 따라서 번역이라고 해도 비즈니스 문서 등을 번역하는 서비스가 아니다. 타투 애호가에게 메일로 '이런 일본어 글자를 타투로 새기고 싶다'라는 의뢰를 받으면 일본어 문구나 문장으로 바꾸어주는 것이다. 게다가 타투에 파일을 그대로 사용할 수 있도록 디자인한 서체를 JPEG 형식의 이미지 파일로 납품한다. 이것이 도미타 씨가 전개하고 있는 '번역 디자인 서비스'다.

다만 대놓고 장삿속을 그대로 드러내면 고객은 질색한다.
그래서 사이트에서는 다양한 정보를 '무료'로 제공하고 있다.

번역 사이트에서는 외국인에게 어려운 '소리는 비슷하지만 의미는 다른 단어'인 동음이의어에 대해 해설한다. 예를 들어 '風神(풍신)'이라는 타투를 원했지만, 발음이 같은 '婦人(부인)'으로 잘못 새겨버린 사례 등을 재미있고 재치 있게 소개하여 흥미를 불러일으킨다. 더불어 일본어 한자, 히라가나, 가타카나의 차이를 설명하는 무료 레포트도 제공한다. 사용자는 메일을 받을 주소를 입력하면, 무료로 일본어 관련 정보를 알 수 있는 해설서를 받아 볼 수 있다.

이렇게 이 세상 어딘가에 거주하는 타투 애호가가 일본어를 점점 더 깊이 이해하도록 하는 것이다. 원래 그들은 일본어에 관심이 많을 것이므로 이는 그들의 구미를 당기기에 적합하다. '어려운 일본어를 무료로 알려주는 좋은 사이트'라고 생각하게 하는 것이다. 알게 모르게 사용자의 마음속에 깨달음과 신뢰감이 양성되어 간다.

번역 서비스로 얻은 놀랄 만한 고수입

그러자 이 사이트에 마음이 끌린 사용자에게서 실제로 의뢰가 들어왔다. 예를 들어 그 의뢰는 'First love = 初愛(첫사

랑)', 'Family = 家族(가족)'처럼 간단한 두 글자 한자부터, 'One's spirit is the essence of art = 精神は芸術の本質(정신은 예술의 본질)'이라는 문장까지 다양하다.

도미타 씨가 어제 받았다는 의뢰 메일에는 〈'My dad is my hero'를 번역해 주세요〉라는 내용이 담겨있었다고 한다.

"'My dad is my hero'라는 문장을 '私の父は英雄(우리 아빠는 영웅)'이라고 바꾸어주는 것입니다."

도미타 씨는 아무렇지 않게 대답했다. 정말로 간단할 것 같다. 그는 이렇게 의뢰받아 일본어로 번역하고, 타투 등에 그대로 사용할 수 있는 '작품'으로 납품하는 것이다.

그의 시스템은 앞에서 언급한 무료 보고서를 배포할 때, 간단한 설문 조사를 받는 것도 특징이다. 설문 조사에서는 한자, 히라가나, 가타카나의 이용 목적 등에 관해 묻는데, 그를 통해 마케팅을 위한 데이터를 취득하고 있다.

"저도 처음에는 일반적인 번역 서비스를 제공했습니다. 그런데 설문 조사에서는 디자인이 필요하다는 의견이 많았습니다. 그렇게 지금의 서비스가 탄생하게 된 것입니다. 디자인이라는 부가가치를 더하면 단순 번역보다 요금을 높게 설정할 수 있습니다."

이러한 번역 디자인 서비스의 가격은 일본 통화로 1회당 수만 원이다. 이 서비스는 하루에 10건 정도 의뢰가 들어오는데, 그것만으로도 벌써 하루에 수십만 원의 수익이 생기며, 어떤 달에는 수백만 원이 되는 때도 있다. 매우 틈새시장이지만 세계를 상대로 하면 이 정도의 '성과'는 적은 노력으로 얻게 된다. 이것이 도미타 씨가 구축한 시스템이다.

자동화의 비결 '자동 회신 기능'

지금부터 나오는 내용이 도미타 씨가 능력을 발휘한 부분이다. 그는 번역 서비스를 이용한 고객, 무료 보고서를 받기 위해 메일 주소를 기재한 고객에게 메일을 발송하여 은근슬쩍 드롭쉬핑 판매 사이트로 유도했다.

메일은 '자동 회신 기능'이라는 시스템을 활용하여 발송한다. 이 시스템은 며칠마다 일정한 간격으로 사전에 준비한 여러 판촉 메일을 순서대로 자동으로 보내는 기능을 갖추고 있다. 제일 처음에는 사이트 서비스 이용에 대한 감사 메일을 보낸다. 그 후 조금씩 상품에 관한 정보나 구매자 후기를 싣는 등 판매와 관련된 이야기로 서서히 뻗어 나가는 것이다.

이러한 과정을, 이른바 도미타 씨의 분신인 자동 회신 기능이 취득한 모든 메일 주소를 가지고 '저절로' 실행한다. "메일 뉴스레터는 매회 새롭게 만들어야만 합니다. 그러나 이 시스템을 사용하면 비용과 시간을 전혀 들이지 않고 고객을 지켜볼 수 있습니다. 그렇기 때문에 혼자서도 수백, 수천 명의 고객을 매우 상세하게 대응할 수 있습니다."

이렇게 도미타 씨는 번역 사이트를 시작하여 온라인 쇼핑몰에 이르는 고객의 흐름을 구축했다. **도미타 씨가 휴식을 취할 때도, 책을 쓰고 있을 때도, 논문을 집필하는 도중에도(사실 당시 대학원생인 도미타 씨는 자신의 비즈니스를 바탕으로 논문을 쓰고 있었다!), 자고 있을 때도… 웹사이트가 부지런히 수집한 메일 주소로 시스템이 차례차례 메일을 발송하고, 드롭쉬핑 서비스는 상품을 판매하는 것이다.**

도미타 씨는 "번역 서비스의 하루 이용자 10명 가운데, 절반인 5명은 티셔츠나 모자를 구매한다"라고 말한다. 이는 꽤 높은 비율이다. 그 시스템은 클래식 음악의 아름다운 멜로디처럼 매일 쉴 새 없이 연주되어 매일 도미타 씨에게 수익을 가져다준다.

후발 주자는 불가능하다?

세계를 상대로 일본어의 번역 디자인 서비스를 제공하는 서비스는 비즈니스를 시작하기에 꽤나 좋은 아이디어다. 개인 수준에 매우 적합한 사업이기 때문이다. 하지만 좋은 사업인

만큼 그를 모방하여 일확천금을 노리는 사람도 등장하지 않을까? 이런 소박한 의문도 떠오른다. 그러나 후발 주자는 쉽지 않다. 사이트로 고객을 모으는 것이 일단 어려운 과제다.

도미타 씨의 사이트는 영어판 구글이나 야후에서 'kanji symbol(한자)', 'japanese symbol for tattoo(타투용 일본어 글자)'라고 검색하면 꽤 상위에 노출된다(2007년 당시). 이는 검색 결과를 상위로 올리기 위한 SEO 대책의 결과다.

타투 등을 하기 위해 일본어 번역 서비스를 찾는 외국인은 대부분 가장 처음 눈에 들어오는 도미타 씨의 사이트에 접속한다. 그래서 누군가 따라 하려고 해도 맨 처음에 고객을 끌어들이는 시점부터 벽에 부딪히는 것이다. 사이트 방문자가 없어 실패하는 것이나 다름없다.

그리고 온라인 판매업자나 도미타 씨의 서비스 이용자, 해외 타투 사이트 등이 제휴 마케팅을 통해 도미타 씨의 사이트를 홍보해 주고 있다. 성과에 대한 보수를 지불해야 하지만 그 덕분에 효과적으로 고객 모집을 하게 되었다.

하지만 원활한 SEO 대책을 통해 고객을 모을 수 있다고 하더라도, 구매까지 연결되기는 꽤 어렵다. 그래서 도미타 씨는 고객에게 구매 욕구를 불러일으킬 수 있도록 가끔 서비스 이용자에게 받은 몇 개의 감사 메일에 고객의 사진을 첨부하여 사이트에 게재한다. 이는 서비스 신뢰도를 높이는 측면에서 매우 효과적이지만, 고객의 목소리를 수집하는 데 상당한 시간을 써야 한다. 그 밖에도 도미타 씨의 번역 사이트에는 오랜 기간 운영하면서 알게 된 노하우가 가득 담겨있다.

후발 주자의 가장 높은 장벽은 바로 영어다. 인터넷에서 원어민과 서로 논쟁할 만한 어학 실력은 하루아침에 키울 수 있는 것이 아니다. 그것이 바로 그만의 차별화 포인트이자 강점이다. '도미타 뛰어넘기'는 모든 측면에서 검증해 볼 때, 매우 어려운 일이라고 말할 수밖에 없다.

성공의 열쇠는 고객 리스트

그러므로 기존의 아이디어를 그대로 모방하는 것이 아니라 다음과 같은 일을 해야 한다. 즉, 스스로 돈이 들어오는 새로운 광맥을 발굴하여, 무료 정보 제공 사이트의 구축, 고객의 메일 주소 취득, 설문 조사 요청, 유료 서비스 제공, 자동 회신 기능에 의한 판촉 메일 발신, 드롭쉬핑을 이용한 온라인 쇼핑몰의 운영 등을 실행한다. 이러한 일련의 과정을 해당 분야에 적용하는 것이 성공에 더 가까이 다가갈 수 있는 길이다. 도미타 씨는 이 과정 가운데 특히 **'메일 주소를 취득하고 고객 리스트를 확보하는 것'**이 가장 중요하다고 말한다.

"드롭쉬핑은 직접 가격을 설정하여 매입가와 판매가의 차액이 그대로 이익이 된다는 점이 강점입니다. 이는 확실히 엄청난 포인트입니다. 하지만 비싸게 판매하려고 하면 좀처럼 팔리지 않을 것입니다. 다들 짧은 기간에 너무 많은 이익을 창출하려는 것이지요.

그래서 저는 언제나 가격을 적정 수준으로 유지하고 있습니다. 대신 고객 리스트를 활용하여 지속해서 메일을 발송하고, 반복적으로 구매하게 만들어 안정적으로 이익을 얻는 것이지요. 장기적으로 보면 이 방법이 더 큰 이익을 얻을 수 있습니다. 제휴 마케팅도, 정보 상품도 대부분 1회 판매가 끝입니다. 하지만 **드롭쉬핑으로는 계속 판매할 수 있습니다. 저는 그것이 바로 드롭쉬핑의 매력이라고 생각합니다.**"

게다가 고객 리스트는 다른 서비스를 시작할 때도 활용할 수 있으므로, 개인 비즈니스에서 필수적인 장치라고 할 수 있다.

계속해서 신규 비즈니스를 시작하다

도미타 씨는 새로운 비즈니스에도 도전하고 있다. 그중 하나가 바로 일본어 교육 서비스다. 그는 이미 전문 사이트를 개설하고 운영을 시작했다. 그 사이트는 파일을 자동으로 다운로드할 수 있도록 시스템을 프로그래밍하여 만들었다. 이용자는 언제든지 원할 때, 글이나 영상 파일 등의 교재를 다운로드할 수 있다. 학생 수도 점점 늘어나고 있지만 이미 만들어진 교재를 다운로드하는 것이므로 학생 수가 증가해도 그의 작업량 증가로 이어지지는 않는다.

이 사이트의 홍보도 번역 디자인 서비스와 마찬가지로, 제휴 마케팅을 중심으로 입소문 전략을 내세우고 있다. 사이트에 매일 3,000명 이상 방문하고 있으므로, 이 서비스를 통해 번역 디자인 서비스로 이어지게 하는 전략도 성공적이라고 할 수 있다. 일본에 관심이 있는 외국인을 위한 일본 정보 포털 사이트도 개설했다.

"이 사이트는 웹 2.0의 콘셉트를 활용하였으며, 콘텐츠 제작은 모두 다른 사람에게 맡기고 있습니다. 예를 들어 교토에 관한 정보는 교토에 거주하는 사람이 작성하도록 하고, 저는 그에 대해 원고료를 지불합니다. 물론 영어로 작성해야 하므로 영어 실력이 있는 교토 거주자를 성과 보수 방식으로 고용하는 것입니다. 이런 식으로 정보 제공자를 일본 각지에서 모집할 수 있습니다. 수입원은 어느 유료 SNS의 과금 시스템을 활용하거나 구글 애즈 광고 등을 참고했습니다."

이렇게 도미타 씨는 다양한 수단과 방법으로 수입이 저절로 들어오는 몇 가지의 시스템을 만들어가고 있다.

'시스템'을 만들어 낸 계기는 《부자 아빠 가난한 아빠》

도미타 씨가 처음 시스템 구축에 흥미를 갖기 시작한 계기
는 호주 유학 당시에 만난 로버트 기요사키의 저서 《부자 아
빠 가난한 아빠》였다. 그는 호주 대학원에 진학하고자 학비를
마련하기 위해 수당이 높은 용돈벌이를 찾고 있었는데, 그때
일본에 있는 어머니로부터 한 권의 책이 도착했다. 부자가 되
기 위한 비결이 가득 담긴 그 책을 읽고, 할아버지가 사업가였
던 도미타 씨는 열정이 샘솟았다고 한다. 그때부터 하와이 출
신 일본인 4세가 쓴 책은 호주에 머물고 있던 한 명의 일본인
에게, 문자 그대로 '바이블'이 되었다.

그리고… 그가 그 책에 흠뻑 빠져 있을 때, 마침 기요사키가
호주 골드코스트에서 세미나를 개최했다. 그는 한 치의 망설
임도 없이 그 세미나에 참석했다.

"세미나 참가비는 약 400만 원 정도였을 거예요. 당시의 저
에게는 확실히 비싼 금액이었습니다. 그러나 저자의 이야기
도 들을 수 있었고, 많은 투자가와 교류하면서 비즈니스를 시
작해야겠다는 확고한 결심이 서는 계기가 되었습니다. 그때

세미나에서 알게 된 내용을 아직도 잊지 않고 있습니다. 그러므로 세미나 참가비는 절대 비싸지 않았다고 생각합니다."

도미타 씨는 이미 여러 개의 사이트를 운영하고 있지만, 앞으로도 일을 쉴 계획은 조금도 없다고 한다. 그는 계속해서 새로운 비즈니스를 만들고, 다양한 수입원을 만들기 위해 의욕을 불태우고 있다.

"일본에는 가치 있는 자원들이 아직 많이 잠재되어 있습니다. **일본인이 생각하는 외국인이 원하는 것과 실제 외국인이 바라는 것은 전혀 다릅니다. 그 차이에 바로 비즈니스 기회가 있는 것이지요.**

예를 들어 일본 결혼식에서 축의금을 낼 때 사용하는 끈이 묶인 봉투를, 나가사키 지역의 한 회사가 해외에 판매한 사례가 있습니다. 축의금을 넣는 본래 용도가 아닌, 예술 작품으로 판매한 것입니다. 이는 깜짝 놀랄 정도로 높은 가격에 판매되었으며, 그 회사는 엄청나게 성장했습니다. 예상할 수 없는 의외의 물건이 팔리는 것이지요."

그는 최근, 오프라인 비즈니스에도 관심을 갖고 있다. 인터넷으로 벌어들인 자금으로 주차장의 부동산 투자 사업을 시작한 것이다. 법인을 대상으로 하는 이 사업은 은행이나 마트 등과 임대 계약을 맺으며 손쉽게 안정적인 수입을 얻고 있다. 또한 그는 주차장에 음료 자판기를 설치했다. 이렇듯 설치비용이 발생하지 않고 무료로 수익을 창출할 수 있다면 다방면으로 시도 중이다. 이를 통해 도미타 씨가 시스템 구축에 엄청난 열정을 쏟고 있음을 알 수 있다. 이처럼 그는 벌어들인 돈을 소비하지 않고 부동산 투자에 활용한다. 거기에 도미타 씨만의 연구를 덧붙이는 것이다. 이처럼 《부자 아빠 가난한 아빠》의 교훈은 독자적인 아이디어와 함께 그의 비즈니스에 살아 숨 쉬고 있는 듯하다.

도미타 다카노리 씨에게 배우는 시스템 구축의 비결

① 드롭쉬핑 사이트를 이용해 디자인 데이터를 업로드하여 세계를 대상으로 공식 상품을 판매한다.

② 우리가 깨닫지 못하는 외국인의 니즈를 모색하고, 있을 법하지만 현재는 존재하지 않는 서비스를 그들에게 제공한다.

③ 고객 리스트를 만들어 정기적으로 판촉 메일을 발송하는 등 반복적인 구매로 연결시킨다.

시스템 데이터 파일 5　　　　　도미타 다카노리(Tomita Takanori)

▶ 레이팅(Rating)

드롭쉬핑은 업자로 등록한 후 데이터
만 업로드하면 온라인 쇼핑몰을 개설
할 수 있다. 본인이 재고를 갖고 있지
않기 때문에 리스크도 없다고 할 수 있
다. 다만 드롭쉬핑은 고객이 지속해서
구매할 수 있는지가 중요하다. 고객 리
스트를 활용하여 정기적으로 판촉 메

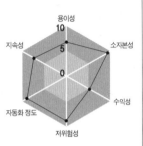

일을 보내고, 반복해서 구매하는 '단골'을 얼마나 만들 수 있는지가 포인트
다. 이와 별개인 새로운 서비스 제공 사이트를 개설하여, 그 사이트 이용자
를 온라인 쇼핑몰로 유도하는 것이 포인트다.

▶ 시스템(System)

드롭쉬핑에 의한 시스템

▶ 카테고리(Category)

인터넷 비즈니스

▶ 만든 이(Maker)

도미타 다카노리

▶ 프로필(Profile)

1979년 출생. 14세 때 혼자 호주로 유학을 떠나, 12년 동안 호주에서 생활
했다. 대학에 재학할 당시 인터넷 비즈니스를 시작하여, 1년 후에 하루 2시
간 정도 근무하고 월 400만 원 이상을 벌어들이는 사이트를 운영하였다. 그
는 일본에 드롭쉬핑을 도입한 인물이자, 2005년 출간된 베스트셀러 《일본
인이 모르는 인터넷으로 수익을 창출하는 새로운 방법, 드롭쉬핑》의 저자
다. 현재는 직접 설립한 주식회사 고우켄의 임원으로 근무하며 자동화된 인
터넷 비즈니스나 주차장 비즈니스로 수입을 얻고 있다.

▶ URL

- 도미타 씨의 유튜브 채널 http://www.youtube.com/user/dsfy0604
- 해외 인터넷 비즈니스 및 정보 기업 http://www.kaigainet.com

"주문이 들어오는 소리가 계속 이어졌습니다."

도미타 다카노리 씨는 드롭쉬핑의 시스템이 정말로 '어마어마했다'고 회상했다. "저는 '리얼 드롭쉬핑RDS'이라는 일본 서비스 회사를 이용했는데, RDS에는 매우 대단한 시스템이 있었습니다. 월 10만 원을 지불하면 읽을 수 있는 유료 메일 뉴스레터에는 'RDS에서 취급하는 이 신상품이 1주일 후 방송에서 소개된다'라는 엄청난 정보가 실려 있었습니다. 그렇게 꿀 같은 정보는 없지요. 왜냐하면 그 상품을 판매하는 온라인 사이트가 아직 없기 때문에, 미리 사이트를 만들어두면, 방송 후에 검색을 통해 상품을 구입하려는 사람들을 독점할 수 있으니까요!"

엄청나게 팔리는 달팽이 크림, 그러나…

실제 사례를 들어보겠다. 어느 날 RDS의 메일 뉴스레터에는 이렇게 적혀 있었다. '1주일 후에 방송인 잇코IKKO 씨가 방송에서 달팽이 크림을 소개합니다.' 도미타 씨는 재빨리 RDS가 제공하는 달팽이 크림의 판매 페이지를 개설했다. 방송 날이 되자 메일에 적혀있던 것처럼 잇코 씨가 '이 제품이 효과가 좋다'라며 상품을 언급했다. 그 직후였다. 판매 페이지에 이변이 일어난 것이다.

"갑자기 사이트에 방문자 수가 급증하고, 주문이 끊임없이 들어왔습니다. 주문이 들어오는 소리가 끊이지 않았지요."

RDS가 제공한 정보를 바탕으로 '간절히 소원을 빌면 이루어진다'는 의미의 볼리비아 특산품 '에케코 인형' 판매 페이지도 만들어 만반의 준비를 했다. 이 상품도 사전에 받은 정보처럼 〈더! 세계앙천뉴스〉라는 방송에 언급되면서 주문이 파도처럼 계속 밀려들어왔다.

여기에서 도미타 씨의 진면목이 드러났다. 이런 RDS의 시스템을 상세하게 해설하는 정보 상품을 만들어 19만8,000원에 판매한 것이다. 유료 메일 뉴스레터도 적절하게 발행하면서 자신이 돈을 어떻게 벌고 있는지 감추지 않고 계속 정보를 발신했다. 과연 도미타 씨는 얼마의 수익을 올렸을까? 그는 '정보 상품 등 전부 20억 원 이상'의 수익을 벌어들였다고 아무렇지 않게 말했다. RDS의 시스템으로 엄청난 재산을 만든 것이다. 그는 '이대로만 하면 더 많은 돈을 벌 수 있고 장밋빛 미래가 기다리고 있다'라고 그렇게 믿어 의심치 않았다. 그러나 상황이 급격하게 변화했다. 어떤 사건이 발생했기 때문이다.

2012년, 한 편의 뉴스가 인터넷을 휩쓸었다. RDS 사장이 다른 회사에 판매하던 다이어트약이 약사법 위반으로 체포된 것이다. 그 후 RDS는 서비스를 중지하였으며, 도미타 씨의 시스템도 싱겁게 끝나버렸다. "휴, 그때는 정말로 고통스러웠습니다. 당연한 수순이지만 RDS에 가장 주력하고 있었던 저는 정보 상품도, 유료 메일 뉴스레터도 판매할 수 없게 되었습니다."

다양한 수입원에 의해 구원받다

도미타 씨가 '앞이 보이지 않는 어둠' 속에 갇혔을 것이라고 생각했지만, 예상 외로 그는 "그 정도는 아니었어요"라고 말했다. 과연 그 이유는 무엇일까? 도미타 씨는 여러 개의 시스템을 소유하고 있었기 때문이다.

예를 들어 첫 인터뷰 당시, 해외를 대상으로 전개하던 '번역 디자인 서비스'(137쪽 참고)는 아직도 건재하게 운영 중이며 아직도 월 1만 달러의 수입이 들어온다. 미국의 드롭쉬핑 서비스인 '카페프레스'도 변함없이 이용하고 있으며, 월 1,000달러 정도 일정하게 매출이 발생하고 있다.

그밖에도 그는 영어로 설명하는 일본어 학습 교재를 개발하여 해외에 판매하고 있다. 이 교재는 일본어 전문 교사와 협력하여 본격적으로 제작하였다. 다운로드받을 수 있는 프리

미엄 동영상을 미국의 유명 정보 상품 포털 사이트 '클릭뱅크 Click Bank'에서 약 50달러의 가격으로 판매하고 있다. 크게 성공한 이 비즈니스는 월 1만 달러의 매출을 자랑한다.

RDS의 시스템이 사라지면서 확실히 심한 타격을 받았지만, 제대로 기능하는 나머지 시스템이 덕분에 그는 아직도 다른 사람에게 부러움을 살 만한 수익을 계속 내고 있다.

기본적인 시스템의 프로세스는 이전과 동일하다. 우선 정보 사이트(블로그)를 개설한 후, 교재의 무료 제공을 통해 취득한 사용자의 메일 주소로 리스트를 만든다. 자동 회신 기능을 이용해 그 리스트의 주소에 단계적 메일을 자동으로 발송하여 번역 디자인 서비스 사이트나 상품 판매 사이트, 교재 판매 사이트로 유도한다. 이 방법은 아직도 통용되고 있는데, 다르게 말하면 이 프로세스가 '황금률=승리 패턴'이기 때문이다.

하지만 도미타 씨는 고객 모집과 관련하여 새로운 방법도 시도 중이다. 그가 가장 힘을 쏟고 있는 것은 유튜브다. 그는 자신의 유튜브 페이지(브랜드 채널)를 개설하여 일본어 학습에 관한 영어 해설 동영상을 업로드하고, 무료로 제공하고 있다. 그 채널 소개 페이지에는 일본어 교재의 판매 사이트나 번역 디자인 서비스로 연결되는 링크가 있어, 고객을 모집하는 하나의 창구가 되고 있다.

그는 페이스북도 활용한다. 사용자에게 일본어 학습과 관련된 무료 mp3 파일 등을 제공하는 대신, '좋아요'를 눌러달라고 요청한다. 도미타 씨의 페이지는 '오픈 그래프 베타Open Graph Beta'라는 기능이 있어 '좋아요'를 누르면 그 사용자의 타임라인에 자동으로 표시된다. 다시 말해 사용자가 '좋아요'를 누른 게시물이 친구들에게도 노출되면서 도미타 씨의 페이지는 저절로 확산하고 있는 셈이다. 그러나 그에게도 고민은 있다. 바로 '엔고 현상'이다. 그는 쓴웃음을 지으며 이렇게 말했다.

"1달러에 110~120엔 정도였던 시기와 비교하면, 지금 30~40엔이나 차이가 나니까요. 그래서 지금은 일본 통화로 환전하지 않고, 미국 은행에 정기 예금을 하고 있습니다. 언젠가 '엔저'가 되면 바꿀 생각입니다."

의욕적으로 새로운 시스템 구축에 힘쓰다

한편 도미타 씨는 일본에서 RDS를 대신하는 새로운 시스템 구축에 착수하고 있다. 그의 가장 큰 관심은 바로 '교재 제휴 마케팅'이다. "정보 상품 포털 사이트인 인포톱에서 주로 취급하는 영어 회화 관련 교재를, 저의 사이트나 블로그에 소개하여 월 100만 원, 200만 원의 수입을 창출하는 구조입니다. 앞으로 월 1,000만 원까지는 가능하다고 생각합니다. 이 시스템은 실제 사용자가 교재를 사용한 후, 자세한 후기를 작성하는 것이 핵심입니다. 그런 체험 후기의 유무에 따라 판매는 엄청난 차이를 보입니다."

도미타 씨는 앞으로 스마트폰을 대상으로 하는 제휴 마케팅이 점점 늘어날 것이라는 정보를 듣고, 그에 주력하기 위해 노력하고 있다고 한다. "일단 수입원을 여러 개 확보하는 것이 중요합니다. RDS 사건으로 그런 생각이 더욱 확고해졌습니다."

엄청 열정적으로 일하는 이미지의 도미타 씨지만, 실제로 하루에 일을 위해 투자하는 시간은 3~4시간 정도밖에 되지 않는다. 왜냐하면 대부분의 업무가 '황금률'에 의해 자동화되어 있기 때문이다.

"점심시간 전후로 업무를 끝내고, 오후에는 아이와 애니메이션 주인공을 따라 하며 놀거나, 온천에 가기도 합니다. 이웃들은 '도미타 씨는 도대체 무슨 일을 하는지' 궁금해하는 것 같기도 하지만, 저는 신경 쓰지 않고 오히려 이 상황을 즐기고 있습니다."

그 무엇과도 바꿀 수 없는 아이와의 시간, 이것이 모두 시스템 덕분이라고 할 수 있다.

도미타 다카노리 씨에게 배우는 시스템 구축의 비결

① 드롭쉬핑 사이트를 이용해 디자인 데이터를 업로
드하여 세계를 대상으로 공식 상품을 판매한다.

② 우리가 깨닫지 못하는 외국인의 니즈를 모색하
고, 있을 법하지만 현재는 존재하지 않는 서비스
를 그들에게 제공한다.

③ 고객 리스트를 만들어 정기적으로 판촉 메일을
발송하는 등 반복적인 구매로 연결시킨다.

CHAPTER

3

시스템 구축
케이스 스터디

② 정보 기업

▶▶ 정보 기업이란 개인이 업무나 취미 등을 통해 얻은 지식이나 노하우를 온라인에서 정보로 판매하는 비즈니스다. 해외에서는 이런 비즈니스를 업으로 삼는 사람을 정보Information와 기업가Entrepreneur의 합성어인 '인포프러너Infopreneur'라고 부르며, 일본에는 1990년대 말 '정보 기업가'라는 표현으로 비즈니스 모델과 함께 상륙했다.

▶▶ 원래는 정보에 민감한 일부 사람들 사이에서만 주목받아 근근이 전개되는 정도였지만, 점점 참가자가 증가하면서 서서히 고조되는 양상을 보였다. 이와 같은 화제를 적극적으로 다루는 잡지인 〈스파!SPA!〉나 〈빅투머로우BIG Tomorrows〉 등에서도 이 책에서 소개하는 무로가 히로유키(室賀 博之) 씨를 비롯한 일본식 인포프로뉴어들이 수익을 창출하는 모습을 성대하게 언급했다. 그것을 계기로 이런 새로운 방식의 비즈니스에 뜻을 품은 사람이 계속 늘어나서, 지금은 너나 할 것 없이 모두 정보 기업을 지향하고 있다.

▶▶ 컴퓨터와 인터넷을 할 수 있는 환경만 있으면 실질적인 자본이 전혀 없어도 시작할 수 있다. 그래서 주부, 아르바이트생, 사업가, 자영업자, 창업 희망자 등 다종다양한 사람들이

시장에 유입되어 자신만의 '정보'를 무기로 내세워 이익을 얻는다. 이런 정보 기업은 상품이 한 번 인기를 끌면 대부분 관리나 유지 없이도 알아서 팔린다. 그냥 내버려두면 저절로 돈이 들어오는 시스템이다.

▶▶ 다만 정보 기업은 내용이 없는 상품을 불합리한 가격에 판매하는 악덕 업자 문제 등 이미지가 좋지 않다는 의견도 있다. 따라서 그런 악덕 업자와 확실하게 선을 긋고, '얼마나 성실하게 비즈니스를 전개하는지'가 포인트다.

월수입 1억 원을
창출하는
정보 기업 시스템

가장 잘 팔리는
3대 요소는 연애, 돈,
콤플렉스입니다.

무로가 히로유키

정보 기업이 성행하는 인터넷

"제가 야후 옥션에 출품한 정보 상품의 낙찰 가격이 '그때' 폭발한 것입니다. 눈 깜짝할 사이에 월매출 3,000만 원을 넘겼습니다."

흥분하며 과거를 회상하는 사람은 바로, 정보 기업 업계에서 유명한 '그때 그 사람', 무로가 히로유키 씨다. 정보 기업을 통해 **거의 작업을 하지 않고 '그냥 내버려둔 상태'로 월 수익 1억 원을 달성했기에 일부에서는 '정보 기업의 카리스마'라고도 불린다.**

2005년에는, '정보 기업으로 돈을 엄청나게 축적한 사람들'의 모임을 주재하는 스가노 잇세이(菅野 一勢) 씨와 함께 자신의 실적을 바탕으로 정보 기업의 노하우를 담은 책《인터넷에서 월 수익 1억 원! 정보 기업의 신기한 수익 창출 방법》을 출간했다. 그들의 캐치프레이즈에서 따와, 두 사람을 각각 '그냥 내버려두는 무로가', '마음껏 하는 스가노'라고도 부른다.

무로가 씨가 말하는 '그때'에 대해서는 차차 다루도록 하고, 우선 정보 기업이라는 비즈니스가 오늘날 얼마나 주목을 받고 있고, 얼마나 번성하였는지 당신도 체감했으면 한다. 인터넷에 '정보 기업' 또는 '정보 상품'이라고 검색하면, 셀 수 없을 정도로 많은 정보가 나온다.

'인포톱(http://infotop.jp/)'이나 '인포카트(http://www.infocart. jp/) 등 전문 사이트(*)에 방문하는 것도 추천한다. 그러면 정보 기업의 현재 모습을 직접 느낄 수 있다. 정보 기업이라는 것을 몰랐다면 어안이 벙벙해질지도 모른다. 또한 알고 있던 사람도 그 엄청난 열기에 가슴 속에서 무언가 뜨겁게 끓어오르는 것을 느낄 수 있을 것이다.

왜 비전문가의 정보가 높은 가격에 팔릴까?

그렇지만 비전문가와 마찬가지인, 이름도 없는 사람의 정보가 거래되는 이유는 무엇일까?

예를 들어 2007년, 인포톱의 판매 1위였던 〈컴퓨터 왕초보가 하루 만에 120만 원! 불과 일주일 작업으로 월수입 8,430만 원을 만드는 시스템 구축 방법〉의 다운로드 판매가는 34만 8,000원이다. 또 인포카트의 2007년 5월, 판매 1위였던 〈노려야 하는 마권! 고설정 투자 경마, 익스플로전 마권법〉의 판매가는 46만8,000원이다. 그 외에도 FX마진(외환 증거금 거래)에 대한 투자 지침이나 제휴 마케팅, 메일 뉴스레터로 돈을 버는 방법, 다이어트 방법, 이성을 유혹하는 기술 등이 수십만 원이라는 높은 가격으로 거래되고 있다. 이 세계를 처음 접한 사람이라면 '그 정보를 정말 그 가격에 구매하는 사람이 있을까?'

라고 의심하는 것은 당연하다.

하지만 찾는 사람은 분명히 있다. 실제로 돈을 지불하고 다운로드하기 전까지 내용은 알 수 없다. 뚜껑을 열어본 후, '에이, 이것은 이미 알고 있는 내용이다. 속았다'라고 말할 가능성도 있다. 그런데도 온라인의 일면식도 없는 사람의 정보에 만 단위의 돈을 내는 사람이 있다는 것이다.

여기에는 교묘한 장치가 있다. **첫 번째로 상품의 제목**이다. '짧은 기간에 입문자가 월 몇천만 원을 벌었다'라는 화려한 문장이 넘쳐난다. 아니면 '며칠 만에 살이 빠졌다', '이성에게 작업을 걸어 몇 명 성공했다'라는 제목이 난무한다. 만약 관심이 있던 주제라면 누구나 조금은 마음이 흔들릴 수 있다. '비전문가도 할 수 있을까?'라는 희미한 기대를 품는 것이다.

하지만 이는 아직 반신반의하는 수준이다. 아니, 상품에 의심의 눈길을 보낸다는 표현이 더 적절할지도 모른다. 단순히 운이 좋았던지, 아니면 허세라는 생각을 지울 수가 없는 것이다. 혹시나 하고 제목을 클릭하면 다음 페이지에는, 업계 용어로 이른바 '세일즈 레터Sales Letter'가 기다리고 있다.

한 번 보면 빠져나갈 수 없다? '세일즈 레터'의 마력

독자 여러분 가운데에는 이미 세일즈 레터를 본 적이 있는 사람이 있을 지도 모르겠다. 거기에는 확실히 끝없이 이어지는, 길고 긴 문장들이 서술되어 있다. 그래서 처음에는 순간적으로 경계심을 갖게 된다. 하지만 세일즈 레터는 **스크롤을 내리다 보면 가독성이 좋아 계속 읽을 수밖에 없는 매우 신기한 매력이 있다.**

세일즈 레터의 전개 방식은 어떤 상품이라도 동일하다. 처음에는 '얼마의 수익을 올린다', '얼마나 감량한다' 등 효과를 찬양하며, 다음으로 독자에게 돈이나 얼굴, 몸매 때문에 고민이 많지 않느냐는 질문을 한다. 독자가 살짝 방심하는 사이에 사실 자신도 비슷한 걱정과 고민이 있었다고 고백한다. 이런 노하우를 활용해 그 문제를 바로 해결했다고 말한다.

말로만 하면 신빙성이 떨어지므로 실제 노하우를 통해 성공한 사용자의 목소리도 세일즈 레터에 함께 싣는다. 마지막에 이 상품은 기간 한정, 또는 수량 한정이므로 지금 당장 구매하지 않으면 품절된다며 독자의 구매 심리를 자극한다.

세일즈 레터의 구성은, 앞에 언급한 무로가 씨의 저서에서 구체적으로 다루고 있으므로 참고하면 좋다. 어쨌든 이런 교묘한 수법으로 인해 세일즈 레터를 읽는 사람 중에는 계획에 없던 '구입 버튼'을 클릭하는 사람도 등장한다.

물론 부의 축적이나 연애, 다이어트에 관련된 책들은 서점에도 산처럼 쌓여있다. 하지만 그런 책은 어디 출신의 인지도가 높은 선생님이 집필했거나 엄청난 유명인이 등장하여 친근감이 떨어진다. '그건 그 사람이니까 성공한 거지'라고 생각해 버린다. 눈높이가 멀리 떨어져 있는 것이다.

반면 온라인 시장에서 판매되는 상품은 구입자와 비슷한 비전문가가 집필한다. 자신과 같은 경험을 하고 같은 눈높이를 가지고 있으며, 심지어 그들은 실천을 통해 하나의 해답을 도출하고 있다(적어도 그렇게 말하고 있다). 결과적으로 가격이 높아도 사람들은 '이 방법이라면 나도 할 수 있을지도 몰라'라며 구매하게 되는 것이다.

'정보'의 낙찰 가격은 120만 원

무로가 씨는 일본 정보 기업의 초창기에 일찍이 이러한 비즈니스를 시작한 사람 중 한 명이다. 로버트 앨런의 저서 《소득의 다양한 흐름Multiple Streams of Income》을 통해 '개인이 온라인에서 정보를 판매'하는 비즈니스가 있다는 사실을 알게 된 것이 계기였다. 무로가 씨는 당시 별다른 기대 없이 경매 사이트를 찾아보았다. 당시에는 수는 많지 않지만, 정보 상품을 판매하는 사람이 드물게 있었다고 한다. 이에 가능성을 느낀 무로가 씨는 바로 그 대열에 합류하기로 결심했다.

그는 자신이 홀로 미국으로 건너가 현지의 벤처 기업들과 비즈니스의 독점 계약을 따내며 쌓은 경험을 바탕으로 한 '미국 기업과의 계약 체결을 위한 노하우'를 상품으로 다루었다. 반드시 흥행할 것이라는 예감을 마음속에 품고, 〈미국 비즈니스와 독점으로 계약하여 수익을 창출하는 방법!〉이라는 타이틀로 출품했다.

"하지만 실제로는 전혀 잘 팔리지 않았습니다. 아니, 정확히 말해 4개가 팔렸는데 낙찰 가격은 2만1,010원에 불과했습니다. 무언가 잘못되었다는 생각에 타이틀을 수정하여 다시 한번 출품했습니다."

새로운 타이틀은 〈해외 독점 계약! 자동화라는 편리한 방식으로 엄청난 돈을 손에 넣는 방법!〉으로 정했다. 결과는 과연 어떻게 되었을까? 낙찰 가격이 바로 35만5,000원까지 상승했다.

기분이 좋아진 그는 계속해서 타이틀을 개선했다. 이번에는 구체적인 숫자를 넣은 〈사용하지 않는 톨게이트로 1,000만 원을 만든 마법〉이라는 타이틀로 바꾸었더니, 점점 가격이 오르면서 최종적으로 52만5,000원에 낙찰되었다. 세일즈 레터는 거의 변함이 없었다. 달라진 것은 오직 타이틀뿐이다. 그런데 결과는 이렇게 다르게 나타났다. 그 후 경매 사이트를 통하지 않고 직접 구입하길 희망하는 사람들의 메일을 여러 통 받으면서, 결국 한 달 매출이 2,000만 원을 뛰어넘었다.

그는 다른 사람들이 부러워할 만한 성공을 거머쥐었지만, 그의 전성기는 여기에서 끝나지 않았다. 그는 경매를 통해 부를 축적한 경험을 바탕으로, 이번에는 〈경매 사이트에서 정보 상품을 유행시키는 노하우와 비결〉 자체를 상품으로 판매했다.

"지난번 경매 사이트에서 구매한 사람들의 메일 주소가 있었기 때문에, 우선 그들에게 메일로 새로운 상품을 판매한다고 공지했습니다. 판매가가 50만 원이었는데, 구매를 원하는 사람이 대거 등장했습니다. 이전 상품의 내용이 좋았기 때문에 한 번 더 구입하고 싶다는 사람들이었습니다. 여기에서 매출이 꽤 나왔기에 경매 사이트에도 자신 있게 출품하였습니다."

희망 낙찰 가격은 50만 원이었지만, 시간이 지날수록 가격은 점점 올라갔다. 바로 '그때'가 찾아왔다. 최종 낙찰 가격은 무려 1,260,002원. 단순한 정보라고는 믿기 힘든 높은 금액이다. 무로가 씨에 의하면, 이 가격은 당시 해당 경매 사이트에 출품된 정보 상품 가운데 최고가를 기록했다고 한다. 그렇게 무로가 씨의 월수입은 가볍게 3,000만 원을 뛰어넘었다.

1시간 근무로 월수입 1억 원

무로가 씨의 공세는 그 뒤로도 멈추지 않았다. 판매 채널을 다른 경매 사이트로 옮기고, 상품의 버전을 다르게 업데이트하여 계속해서 판매했다. 그는 세일즈 레터에서 2005년 6월을 기점으로 상품 판매를 종료한다는 내용을 발표했다. '기간 한정'이라는 세일즈 레터의 '마지막 칼'을 뽑은 것이다. 이론에서 말하는 것처럼 그 달의 매출은 널뛰기하듯 계속해서 상승했다. 특히 6월의 마지막 날, 하루에만 193건의 신청이 쇄도할 정도로 대단했다.

'이것이 마지막 달의 주문 상태'라며 무로가 씨가 보여준 메일의 수신 목록을 보고, 저자(다카하시)는 너무 놀랐다.

〈주문 확인 메일〉, 〈(중요) 그냥 내버려두기 노하우 강좌 신청〉이라는 제목의 메일이 무려 344건이나 있었다! 상품 단가는 29만8,000원. 무로가 씨는 총 1억25만1,200원의 매출을 기록했다.

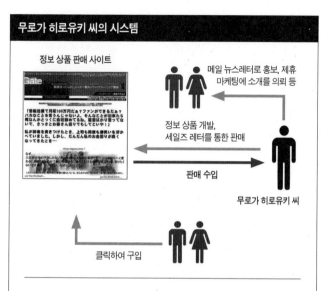

무로가 히로유키 씨의 시스템

정보 상품 판매 사이트

메일 뉴스레터로 홍보, 제휴 마케팅에 소개를 의뢰 등

정보 상품 개발, 세일즈 레터를 통한 판매

판매 수입

무로가 히로유키 씨

클릭하여 구입

기본적으로 정보 상품을 개발하고, 그것을 판매 사이트의 세일즈 레터를 통해 소개한 후, 구입으로 유도한다. 자신의 메일 뉴스레터에서 하는 홍보 이외에도 블로그나 다른 뉴스레터에서 소개할 수 있도록 제휴 마케팅 업체에 의뢰하는 것도 핵심이다.

그는 상품이 엄청난 인기를 끌면서 그냥 내버려두어도 매일 알아서 팔리는 상태를 만드는 데 성공했다. 그렇게 그는 2005년 6월, 월 매출 1억 원을 달성했다. 하루 작업 시간은 주문 메일을 확인하고 구입한 고객에게 감사 메일을 발송하는 등 1~2시간 정도밖에 소요되지 않는다.

무로가 씨가 하는 작업은 메일을 확인하거나 구입한 고객에게 '감사 메일'을 발송하는 정도로, 하루 근무하는 시간은 대략 1~2시간밖에 되지 않는다. 나머지 시간은 가족과 쇼핑하러 외출하거나 체육관에서 땀을 흘리고, 평일에도 아이와 함께 여유롭게 시간을 보낸다.

근무 시간 외에도, 이른바 자신의 분신인 시스템이 부지런히 주문받고, 알아서 상품을 판매해 준다. 무로가 씨는 궁극적인 시스템을 통해 월수입 1억 원을 벌어들이게 된 것이다.

잘 팔리는 테마는 '연애', '돈', '콤플렉스'

무로가 씨의 이런 성공담을 읽은 이상, 자신도 반드시 성공할 것이라며 의지를 다지는 사람도 분명히 있을 것이다. 하지만 이는 그렇게 간단하지 않다. 일단 무엇을 팔 것인지, 다시 말해 어떤 테마를 선택할 것인지가 핵심이다. 자신이 업무하면서 겪었던 경험이나 취미에 대한 지식을 노하우로 판매하는 것도 좋지만, 그것이 반드시 성공한다고는 단언할 수 없다. 아니 팔리지 않을 가능성이 높다는 말이 더 솔직한 대답일 것이다. 그래서 무로가 씨에게 테마를 설정하는 비결에 대해 질문했다.

"대박을 터뜨리기 위해서는 확실하게 히트를 할 수 있는 3대 테마와 관련된 소재를 선택하면 됩니다. 바로 '연애'와 '돈', '콤플렉스'입니다."

요점은 누구나 마음속 깊이 간직하고 있는 욕구를 건드리는 것이다. 이 법칙에 따르면 '매력 없는 사람이 1시간 동안 매력적인 30명의 이성을 유혹하는 엄청난 작업 기술'이 사람들의 흥미를 끌 수 있다. '한 달 동안 1억 원의 수익을 창출하는 메일 뉴스레터 비결'도, '1주일에 5kg 감량, 재즈 댄서가 알려주는 특별한 다이어트 비법'도 흥행할 잠재력이 있다(참고로 이는 모두 무로가 씨의 이야기를 들은 후, 저자가 직접 생각한 제목이다).

무로가 씨는 상품의 소재가 반드시 본인의 체험이나 지식에 근거하지 않아도 괜찮다고 말한다. 물론 적당히 조작해도 된다는 의미는 아니다. 예를 들어 **친구나 지인, 혹은 인터넷을 통해 전문 지식이나 경험을 가진 사람을 발굴하여 취재한 후, 자신만의 기준으로 이야기를 정리하는 것도 하나의 방법**이다. 다양한 분야의 메일 뉴스레터가 모여 있는, 인터넷의 창고라고도 말할 수 있는 포털 사이트에서 찾은 전문가와 함께 정보 상품을 개발하여 판매하는 방식도 있다. 다시 말해 내용만 충실하면 다른 사람의 손을 빌려도 전혀 문제가 없다는 의미다.

판매할 테마가 결정되면, 이제 남은 것은 '어떻게 팔 것인가'이다. 일단 판매할 채널이 필요하므로, 블로그나 웹사이트를 개설한다. 잠재 고객을 모으기 위해서 SEO 대책을 마련하여 검색 결과가 상위에 노출되도록 하거나, 상품 관련 정보를 담은 메일 뉴스레터를 발행하여 메일 뉴스레터 포털 사이트에 등록하고, 발송한 메일 뉴스레터에 정보 상품을 홍보하여 블로그나 사이트로 독자를 유도하는 등 모든 방법을 총동원한다. 가장 중요한 부분은 바로 세일즈 레터다. 세일즈 레터를 통해 블로그나 사이트에 방문한 잠재 고객의 구매 욕구를 자극하는 것이다. 그는 이렇게 조언한다.

"엄청나게 흥행한 정보 상품의 세일즈 레터는 중요한 참고 자료가 됩니다. 하지만 이를 '복사, 붙여넣기'처럼 그대로 가져오는 것은 하지 않길 바랍니다. 그런 방식으로 한 번은 팔릴지 모르지만, 그다음에는 어떻게 해야 하는지 갈피를 잡기 어렵기 때문입니다. 계속해서 복사, 붙여넣기를 반복한다면 언젠가는 막다른 길과 마주하게 될 것입니다. 세일즈 레터는 처음부터 공부하고 연구하면서, 자신이 직접 작성하는 것이 중요합니다."

이렇듯 테마 설정부터 상품 개발, 사이트에 고객 모집, 세일즈 레터까지 모든 톱니바퀴가 서로 맞물려 크게 이변 없이 움직이면, 그때부터 돈은 굴러들어 온다.

정보 기업 학원을 열다

그는 2005년 6월, 상품 판매를 종료한 이후 잠시 정보 기업으로부터 벗어나 회원제 비즈니스에 주력하였는데, 2007년 4월 쯤부터 다시 원래 자리로 복귀하기 시작했다.

"최근 세일즈 레터의 뛰어난 표현 때문에 상품을 구매했지만, 내용이 부실한 경우가 증가하고 있습니다. 이대로 방치한다면 정보 기업 시장이 붕괴하는 것은 순식간입니다. 제가 정보 기업 시장에 복귀하는 이유 중 하나는, 저의 실력을 발휘하여 건전한 시장을 만드는 데 공헌하고 싶기 때문입니다. 정보 기업은 절대 이상한 것이 아닙니다. 언제까지나 개인 기업가의 희망의 별처럼 존재하기를 바랍니다.

또 다른 이유는 역시 재미있기 때문입니다. 단순히 상품의 판매뿐만 아니라, 실제로 오프라인에서 구입자와 만나거나 세미나를 개최하는 등 다른 사람과 관계를 맺는 것이 즐겁습니다."

구체적으로 그는 〈정보 기업, 무로가 훈련소〉라는 온라인 학원을 열었다. 메일 뉴스레터 학원, 제휴 마케팅 학원 등 세분화하고 회원제로 구성하여, 더욱 상세한 노하우를 전수하고 있다. 그의 아이디어나 노하우를 체득한 직원이 그의 대역을 수행하며 초보자를 교육하는 등 조직화와 효율화에도 심혈을 기울인다. 회원과 전화 상담을 하거나 월 1회 오찬 세미나를 개최하는 등 지원 체제에도 온 힘을 쏟고 있다.

그는 상품 개발에도 적극적으로 임한다. 전자책 형식의 매체뿐만 아니라, 음성 파일, 동영상 파일 등 미디어를 적극적으로 활용하여 상품을 다양한 방식으로 판매한다. 그 밖에도 유망한 소재를 발굴하고 상품으로 기획하여 이익을 얻는 비즈니스도 추진한다. 무엇보다 정보 기업이라는 세계에서 다시 자신의 존재감을 드러내고자 하는 무로가 씨의 마음을 느낄 수 있었다.

건전한 상품이 핵심

정보 기업은 이제 개인 비즈니스로 하나의 트렌드가 되었다. 자기 경험이나 지식을 노하우로 판매할 수 있고, 그 정보 상품이 유행하면 '유행 선도자'의 노하우를 팔 수 있으며, 그것이 흥행하면 또 인기 있는 노하우를 만드는 방법을 상품으로 만들 수도 있다.

이처럼 정보 기업은 한 번 궤도에 오르면 한계가 없다. 얼마든지 확장해 나갈 수 있는 것이다. **게다가 처음 제작한 상품과 세일즈 레터가 흥행하면 나머지는 그냥 내버려두어도 알아서 돈이 굴러들어 온다. 아니면 메일이나 블로그를 통해 최소한의 고객을 모으면 통장 잔고가 점점 늘어난다. 이것이 바로 이 책에서 제창하는 이상적인 시스템이다.**

다만 가격이나 내용 측면에서 고객이 '속았다' 혹은 '당했다'라고 느낀다면, 언젠가 구매자가 시장 자체에 등을 돌리게 되는 것은 너무나 자명한 이치다. 구입자가 단골로, 팬으로 정착할 수 있는 정보 기업가는 증가할까? 아니면 내용이 충실하지 않은 상품을 높은 가격으로 강매하고 그를 책임지지 않는 자들이 위세를 부리게 될까? 어떻게 나아가는지에 따라 이 업계의 미래가 크게 달라질 것이다.

> **무로가 히로유키 씨에게 배우는 시스템 구축의 비결**
> ① '연애', '돈', '콤플렉스' 등 많은 사람의 마음을 사로잡을 수 있는 주제를 선택한다.
> ② 자신에게 판매할 만한 무언가가 없다면, 그 분야의 전문가와 상품을 공동 개발하는 것도 하나의 방법이다.
> ③ 상품의 타이틀은 '얼마나 이익을 얻을 수 있는가?' 등 구체적으로 떠올릴 수 있도록 설정한다. 세일즈 레터는 공감, 신뢰, 구매욕 자극 등이 포인트다.

시스템 데이터 파일 6　　　무로가 히로유키(Muroga Hiroyuki)

▶ **레이팅(Rating)**

본인의 지식이나 경험을 상품으로 만들면 되기 때문에 매우 용이하다. 자금도 필요하지 않으며 리스크도 낮다. 또한 한 번 상품을 만들어 판매 사이트에 올리면, 그 뒤로는 저절로 팔리므로 자동화 정도가 매우 높다. 자신의 상품이 엄청나게 흥행한다면 더 이상 억만장

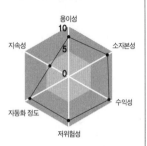

자는 꿈이 아니다. 다만 기간 한정으로 짧은 기간에 판매하기 때문에 지속성을 해결하는 것이 과제다. 끊임없이 히트 상품을 개발하는 수완이나 고객 리스트를 활용한 영업 활동 등이 요구된다.

▶ **시스템(System)**

정보 상품 판매에 의한 시스템

▶ **카테고리(Category)**

정보 기업

▶ **만든 이(Maker)**

무로가 히로유키

▶ **프로필(Profile)**

1964년 출생. 주택 자재 판매회사에 다니는 직장인 시절, 창업에 뜻을 품고 있던 무로가 씨는 미국 벤처 기업이 개발한 신용카드 관련 시스템의 독점 판매권을 취득했다. 회사를 그만두고 일본에서 영업을 시작했지만 전혀 팔리지 않아, 실의에 빠진 채 수입원을 모색하며 정보 기업의 세계에 뛰어들었다. 야후 옥션에서 미국 벤처 기업과 계약한 노하우를 바탕으로 정보 상품을 판매하였는데, 이것이 폭발적인 인기를 끌었다. 다음 상품으로 흥행하는 정보 상품을 만드는 방법을 판매하였는데, 선풍적인 인기를 끌면서 엄청난 속도로 월 수익 1,000만 원을 기록했다. 이후에 그는 잠시 정보 상품 세계에서 멀어졌지만, 2007년 봄에 복귀하였으며 정보 상품의 개발과 판매에 주력했으나 그 후 활동을 중지하였다.

"제휴 마케팅으로 실적을 남겨,
학원이라도 차리고 싶습니다."

"지금은 예전과 같은 실적을 내지는 못합니다."

무로가 히로유키 씨에게 오랜만에 연락을 하자, 그는 가장 먼저 이렇게 말했다. '그냥 내버려 두는' 정보 기업가로, 업계에서 '그 시절의 인물'이 된 무로가 씨에게 도대체 무슨 일이 있었던 것일까? 그 진상을 알기 위해 저자(다카하시)는 무로가 씨를 찾아갔다.

저작권법 위반의 전말

사이타마 현 도코로자와시에 위치한 어느 패스트푸드 가게. 모습을 드러낸 무로가 씨는 생각보다 건강해 보였다. 그러나 정보 기업의 이야기를 꺼내자 그의 얼굴에는 그늘이 드리웠다.

"솔직히 말해 현재 소송 중에 있습니다. 이전 강좌를 수강한 사람이 어느 회사의 저작물과 저의 정보 상품의 내용이 유사하다고 지적하면서, '저작권법 위반'으로 소송하였습니다.

내용은 간단히 말해, 평범한 사람도 스스로 '선생님'이라고 불리는 위치에 올라 고객을 '팬'이나 '학생'으로 만든다면 효율적으로 이익을 얻을 수 있다고 말한 부분입니다. 당시 많은 정보 기업가가 언급한 내용이며, 저도 이전부터 꾸준히 내세운 주장이기도 합니다. 이를 그 회사 대표가 '자신의 노하우를 그대로 쓰고 있다'라고 착각한 것입니다."

무로가 씨는 재판에서도 이와 같이 주장했지만 변호사가 '상대방을 자극하는 것은 좋지 않다. 적당히 합의금을 제시하면 조금은 감정이 진정될 수도 있다'라며 화해를 권유했다고 한다. 결국 원만한 해결을 위해 합의금을 지불하는 형태로 결론이 났는데, 상대 회사 대표가 일방적으로 사건의 전말을 인터넷에 폭로한 것이다.

"제가 상당히 나쁘게 묘사되어 있었습니다. 아직 합의금을 입금하지 않았다는, 그런 세세한 부분까지 말이죠. 이야기가 인터넷에서 빠르게 확산되면서 저의 이미지는 더욱 나빠졌습니다. 이 사건이 계속 저를 따라다녀서 그 뒤로 어떤 일을 해도 잘 풀리지 않았습니다. 싫증이 나더군요. 그래서 인터넷 비즈니스와 멀어지게 된 것입니다."

정보 기업가 조력자로서 계약 성공률 3배 달성

그러나 무로가 씨는 그만큼의 실적을 남긴 경험이 있다. 그의 능력이 유망하다는 평가를 받아 정보 상품 판매의 '조력자'로서 업무를 의뢰받기도 했다. 예를 들어 2009년에는 '개업하는 치과의사를 대상으로 하는 정보 상품 DVD의 제작과 판매'를 도와달라는 의뢰가 들어왔다. 그것은 여러 치과를 개업하여 성공하거나, 임플란트나 교정 등 고가의 치료법으로 실적을 올리고 있는, 업계에서 유명한 치과의사의 노하우를 영상으로 정리한 상품이었다. 일본에서 개업하는 치과의사는 편의점 수보다 많기 때문에 시장 규모가 크며, 동시에 경쟁이 치열한 업종이다. 수익 창출을 위한 노하우에 대한 수요가 높아, 정보 상품이 흥행할 소지가 충분했다.

무로가 씨는 기존에 정보 상품이 잘 팔리는 3대 요소를 '연애, 돈, 콤플렉스'라고 했지만, 이는 어디까지나 일반적인 이야기다. 그 즈음부터 의사 등 이른바 전문가나 프로페셔널을 위해 노하우를 정리한 정보 상품도 황금알을 낳는 거위로 업계에서 주목을 받게 되었다.

판매 채널은 인터넷이 아니라, 팩스를 사용했다. 당시에는 전화번호부의 직업별 페이지에서 팩스 번호를 간단하게 입수할 수 있었기 때문이다. 무로가 씨는 특기인 세일즈 레터를 작성하여 전국의 개업하는 치과의사에게 일제히 발송했다.

결과는 성공적이었다. 일반적으로 전환율Conversion Rate이 1%(100건 발송하면 1건 계약)라고 하는데, 무로가 씨는 그 3배인 3%를 넘었다. 그는 시장에 아직 자신의 테크닉이 충분히 통용된다는 사실을 예기치 못하게 증명하게 된 것이다.

수렵 민족에서 농경민족으로

지금 무로가 씨는 조력자 역할로서의 업무에서도 한 걸음 물러나, 새로운 시스템을 모색하고 있다. 그가 주목하는 것은 제휴 마케팅이다. 일본의 A8넷a8.net이나 어필리에이트BAfb, 액세스트레이드Accesstrade, 링크셰어LINKSHARE, 트래픽게이트Trafficgate 등 모든 제휴 마케팅 서비스 프로바이더ASP를 활용하여 이익을 얻을 수 있는 포인트를 발굴하고 있다.

"지금까지 다룬 정보 상품의 판매는 한 번 흥행하면 이익이 매우 큰, 이른바 수렵과 같은 것이었습니다. 그에 비해 제휴 마케팅은 견실한 방법으로 꾸준히 이익을 올리는 농경과 같은 접근입니다. 2년 전쯤 시작했을까요. 하지만 처음에는 어떻게 해야 되는지 전혀 알지 못했습니다."

그는 시간이 있을 때마다 다양하게 시도했다. 실력 있는 제휴 마케터인 마루야마 시게키(丸山 茂樹) 씨가 운영하는 학원에도 200만 원을 지불하고 입회하여, 그의 테크닉을 열정적으로 흡수했다. 이제 과거의 영광은 버린 것이다. 무로가 씨는 '허세를 부려도 어쩔 도리가 없기 때문'이라고 말한다.

그는 최근에서야 드디어 요령을 깨달았다고 한다. 어떻게 해야 제휴 마케팅을 하는 자신의 사이트를 검색 결과 상위에 노출시킬 수 있는지, 서서히 SEO 대책이 보이기 시작한 것이다.

"이제 사이트만 잘 만들면 어떻게든 월 1,000만 원은 가능하지 않을까요? 아직 실적이 없는 제가 말하기는 애매하지만, 하나의 사이트에서 엄청난 이득을 취할 필요는 없습니다. 그래서 저는 기본적으로 월 10만 원의 매출이 발생하는 사이트 100개를 만드는 방향으로 목표를 잡고 있습니다."

미래의 꿈에 관해 질문하자 무로가 씨는 이렇게 대답한다. "제휴 마케팅이 잘 풀려 실적을 남긴다면, 학원에 다시 도전해 보고 싶습니다. 그리고 금전적, 시간적인 여유를 만들어 주말에는 좋아하는 아웃도어 활동에 흠뻑 빠지고 싶습니다. 과거에는 카누 2대를 소유하고 있어서 군마의 내부 지역에 위치한 아무도 없는 호수에 가족끼리 놀러가 조용히 카누를 탔었습니다. 최고의 시간이었지요. 지금은 못 하고 있지만, 빠른 시일 내에 또 가고 싶습니다."

시대의 바람이 언제 다시 불어올지 모른다. 수렵 민족에서 농경 민족으로 모습을 바꾼듯한 무로가 씨의 건실한 도전은 오늘도 계속되고 있다.

"엄청나게 흥행한 정보 상품의 세일즈 레터는 중요한 참고 자료가 됩니다. 하지만 이를 '복사, 붙여넣기'처럼 그대로 가져오는 것은 하지 않길 바랍니다. 그런 방식으로 한 번은 팔릴지 모르지만, 그다음에는 어떻게 해야 하는지 갈피를 잡기 어렵기 때문입니다. 계속해서 복사, 붙여넣기를 반복한다면 언젠가는 막다른 길과 마주하게 될 것입니다. 세일즈 레터는 처음부터 공부하고 연구하면서, 자신이 직접 작성하는 것이 중요합니다." 이렇듯 테마 설정부터 상품 개발, 사이트에 고객 모집, 세일즈 레터까지 모든 톱니바퀴가 서로 맞물려 크게 이변 없이 움직이면, 그때부터 돈은 굴러들어 온다.

시스템 구축
케이스 스터디

③ 비즈니스 오너

▶▶ 〈챕터 1〉에서도 서술한 것처럼 《부자 아빠 가난한 아빠》의 저자인 로버트 기요사키는 쳇바퀴 경쟁Rat Race에서 벗어나 '경제적 자유'를 얻기 위해서는 비즈니스 오너 혹은 투자가가 되어야 한다고 말했다. 반복해서 하는 말이지만, 기요사키가 말하는 비즈니스 오너는 '자신이 소유한 비즈니스의 운영을, 우수한 인재를 고용하여 그에게 맡기는 사람'이다. 자신의 회사나 매장 등을 갖고 있어도 '본인이 그곳에 없으면 일이 돌아가지 않는 사람'은 비즈니스 오너의 정의에서 제외한다.

▶▶ 비즈니스 오너라는 한 단어에도 그 규모나 업태는 매우 다양하다. 예를 들어 회사를 세우고 규모가 점점 커지면서 우수한 인재가 많이 모이고, 결과적으로 자신이 그곳에 없어도 회사가 돌아가는 경우는 그야말로 엄청나게 많은데, 이것이 바로 기요사키가 말하는 비즈니스 오너에 해당한다. 그러나 이 수준에 도달하기까지 허들이 매우 높으며, '우수한 인재를 고용하고 그에게 운영을 맡기기' 위한 스킬이나 능력이 요구된다.

▶▶ 그래서 지금부터는 처음부터 저절로 수입이 들어오는 시스템 구축을 목표로 하여, 적은 자본과 낮은 리스크, 최소한의

186

직원으로 성공적으로 비즈니스 오너가 된 인물의 사례를 소개하고, 케이스 스터디에서 다루려고 한다.

금시력으로
돈과 시간을 모두
손에 넣다

오히려 특별한 능력이나
기술을 갖지 않는 편이
훨씬 좋습니다.

다부치 히로야

돈과 시간을 모두 얻기 위해 필요한 힘

'금시력(金時力)'은 다부치 히로야(田渕 裕哉) 씨가 강조하는 캐치프레이즈다. 풍족한 인생을 보내기 위해서는 돈과 시간이 필요한데, 그를 얻기 위해 필요한 힘을 다부치 씨는 금시력이라고 부르는 것이다. 실제로 그는 본인이 움직이지 않아도 수입이 들어오는 비즈니스 구조, 다시 말해 이 책에서 말하는 시스템을 여러 개 소유하고 있기 때문에 '금시력'을 성공적으로 획득했다고 할 수 있다.

다부치 씨는 10개 이상의 사업을 거느리는 디시 그룹DC-Group이라는 회사의 비즈니스 오너다. 계속 반복해서 말하지만, 대부분의 **'그가 하는 비즈니스는 그리 많이 움직이지 않아도 수입이 저절로 들어온다.'** 사무실은 자택의 정원에 세운 조립식 주택이며, 직원 3명은 모두 주부인 파트 타임 직원이기에 인건비도 그렇게 크지 않다. 그래서 회사의 이익이 연간 약 6억 원을 기록한다고 한다.

자신만만하게 다음과 같이 말한다. "자동차 50대를 주차할 수 있는 주차장을 소유한 자는 아무것도 하지 않아도 매월 주차장 사용료가 들어옵니다. 하지만 유감스럽게도 주차장은 토지 등의 자본이 없으면 가질 수 없지요. 제가 확립한 비즈니스 모델은 자본이 없는 사람도 큰돈을 들이지 않고 '금시력'을 가진 비즈니스 오너가 될 수 있는 방법입니다. 정말 '최강의 모델'이라고 생각합니다."

'영원히' 커미션을 얻을 수 있도록

그렇다면 도대체 다부치 씨가 확립한 비즈니스 모델은 어떤 것일까? 그 전형적인 사례가 바로, 2000년에 시작한 '특허 번역 중개 비즈니스'다. 이는 특허 등의 기술 번역을 다루는 미국 회사에 그가 개척한 일본의 고객 기업을 소개하고, 그 고객 기업의 발주에 따라 위탁 수수료(커미션)를 받는 비즈니스다.

언뜻 보면 그렇게 특별하지 않은 비즈니스처럼 보이지만, 여기에는 많은 노하우가 숨어 있다. 여기에서 확립한 모델이 이후 그가 다루는 많은 비즈니스의, 소위 '양식'이 되고 있다.

이 비즈니스는, 당시 대기업 증권회사에 다니는 직장인이었던 그가 오래 알고 지내던 친한 미국의 특허 번역 회사 경영자에게 일본에서 비즈니스를 확대할 수 있도록 도와달라고 요청한 것으로 시작되었다.

그 회사는 매우 품질이 좋은 번역 서비스를 제공하며 이미 어느 정도 성공을 거두었지만, 본사가 미국에 있었기 때문에 아직 일본에서 판로를 개척할 여지가 있었다. 그는 그 점에 주목하여 이 회사와 파트너십을 체결하고 일본 기업을 대상으로 영업 활동을 하여, 성과에 따라 보수가 결정되는 풀 커미션 제도Full Commission로 계약하기로 했다.

여기까지는 어디에도 있는 흔한 비즈니스 이야기다. 그의 예리한 비즈니스 감각이 발휘된 것은 파트너십 계약을 체결하면서 **'본인이 소개한 고객이 재발주를 한다면, 이후에도 지속적으로 일정 금액의 수수료를 받을 수 있도록 한다'**라는 조항을 고집했다는 점이다.

"한 번 소개하고 끝나는 것이라면 **'지속적인 수입의 흐름'**을 만들어낼 수 없습니다. 비즈니스를 시작할 때는 가장 먼저 반복의 힘을 이용할 생각을 해야 합니다."

시간과 수고, 비용을 줄이고 영업하다

다음으로 다부치 씨의 고객 개척 방법에 대해 살펴보자. 그는 당시 본업이 있었기에 실제로 기업을 찾아가거나, 전화를 하는 영업 활동은 할 수 없었다. 그래서 인터넷 메일 광고나 팩스 등을 모두 활용하여 고객을 발굴했다. 결과적으로 이 방법으로 시간과 수고, 나아가 비용까지 최소한으로 줄일 수 있게 되었다.

구체적으로 일단 '샘플 가격'이라고도 부르는 특별 요금으로 고객이 손쉽게 주문할 수 있도록 하였더니 조금씩 주문이

들어오기 시작했다. 파트너십을 체결한 미국의 번역 회사에 그 주문을 전달하였다. 번역의 수준이 높아 많은 기업이 다시 발주를 했다. 여기에서 '고객이 재발주할 때마다 커미션을 받는다'라는 조항이 빛을 발하게 된 것이다.

그렇게 대기업을 포함한 약 50개 기업이 재발주 고객이 되면서, 그저 단순히 주문을 전달하기만 한 그는 거의 아무것도 하지 않고도 커미션 수입을 얻을 수 있게 되었다. 혹시라도 번역이 충분히 완성되지 않아 클레임이 발생한다면 미국 본사가 직접 대응하는 조건으로 계약했기 때문에 문제 해결을 위해 그가 노력해야 하는 일은 없다. 거의 완전한 자동화 시스템이 이루어진 것이다.

'시스템'을 증식시켜 여러 수입의 흐름을 만든다

다부치 씨가 특허 번역의 중개 비즈니스를 통해 개발한 시스템은 ① 반복구매를 기대할 수 있고, 우위성이 높은 상품을 찾는다 ➡ ② 자신이 개척한 고객이 주문을 재발주한다면, 지속적으로 커미션을 받는 계약을 체결한다 ➡ ③ 메일 광고나 팩스 등을 활용하여 최대한 시간과 수고, 비용을 줄일 수 있는 상품을 판매한다는 것이다.

그는 일단 이런 **시스템 구축을 터득하면 상품을 다른 것으**

로 바꾸기만 하면 되므로, 새로운 시스템을 계속해서 증식시킬 수 있다고 한다. 그리고 신상품을 개발하는 데 주력하고 몇 개의 시스템을 소유하여 여러 수입의 흐름을 얻음으로써 '금시력'을 갖춘 비즈니스 오너가 될 수 있다고 말한다.

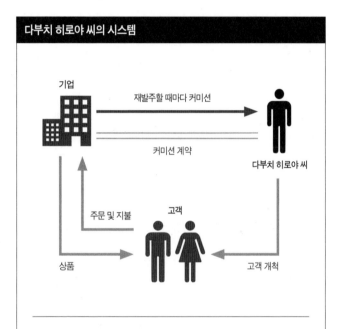

다부치 히로야 씨의 시스템

기업
재발주할 때마다 커미션
다부치 히로야 씨
커미션 계약
주문 및 지불
고객
상품
고객 개척

고객이 판매 상품을 재발주할 때마다 지속적으로 커미션을 받는 계약을 체결하고, 들어가는 수고와 비용을 줄이면서 판매하는 비즈니스 모델을 개발했다. 같은 방식의 비즈니스를 상품을 바꾸어 전개하면서 여러 수입의 흐름을 만드는 데 성공한 다부치 씨는 10개 이상의 비즈니스를 소유하게 되었다. 실제 그의 하루 노동 시간은 대부분 메일 확인을 위해 소비하는 1~2시간 정도이며, 회사를 통해 연간 약 6억 원의 이익을 창출하고 있다.

"정말 경쟁력 있는 상품이 아니면 가격 경쟁에 휘말리게 되는 것은 시간문제입니다. 그래서 상품 선정이 매우 중요하지요. 그런 상품을 발굴하기도 쉽지 않지만, 좋은 상품을 보유하고 있어도 영업이나 판매할 능력이 없는 사람과 기업이 의외로 많습니다. 우리는 그런 사람이나 기업을 찾아 파트너십을 체결하여 여러 개의 수입원을 확보하였습니다."

실제로 그는 가장 처음 시행한 특허 번역 중개 비즈니스에서 확립한 모델과 똑같이, 외상 매출금 회수 비즈니스나 중국에서 건물 도면을 그려주는 OEM 비즈니스 등도 전개하고 있다. **다부치 씨는 모든 비즈니스에서 고객을 발굴하는 업무만을 담당하며, 외상 매출금 회수나 도면 작성 업무는 동반 관계를 체결하고 있는 기업이 시행한다. 그 결과, 10개 이상의 비즈니스를 다루면서도 그가 하루 동안 비즈니스에 소비하는 시간은, 이른 아침 고객이나 파트너 기업 등이 보낸 메일을 확인하고 회신하는 1~2시간밖에 되지 않는다는 점에서 매우 놀랐다. 한편으로는 이것이 대리점에 가입하는 것과 다르지 않다고 생각할 수도 있겠지만, 그는 그와는 명백한 차이가 있다고 주장한다.**

"대리점처럼 팔아야 하는 지정된 물건을 판매하는 것이 아닙니다. 일단 자신이 흠뻑 빠져있는 상품을 찾아, 자신이 직접 '팔게 해 달라'고 부탁하는 부분이 다르지요. 대리점은 대게 아무것도 하지 않고 재주문이 있을 때마다 수수료를 받는 계약은 체결하기 어렵다고 생각합니다."

더불어 그는 비즈니스 오너가 되기 위해 다루는 상품에 대한 특별한 기술이 전혀 필요하지 않다는 점도 강조한다.

"예를 들어 오히려 파트너 기업의 번역 실력이 어설프면 '그냥 내가 하고 말지'라는 생각이 들게 됩니다. 이럴 때 본인만 바빠지게 되어, 결국 시간적 자유를 누릴 수 없게 됩니다. **스스로 처리하면 주문받을 수 있는 양에도 당연히 한계가 있지만, 다른 사람과 나누면 얼마든지 주문받을 수 있습니다. 비즈니스 오너는 오히려 능력이 없는 편이 더 좋습니다**(웃음). 물론 조정하는 능력이나 흥행할 상품을 꿰뚫어보는 센스, 바로 결단하고 결정하는 행동력 등 다른 의미에서의 능력이 요구되긴 하지만요."

파트너 기업과 고객의 직접 계약을 어떻게 방지하는가?

하지만 여기에서 의문이 떠오른다. 이 세상에는 반드시 신의를 지키는 선한 사람만이 있다고 할 수는 없다. 만약 파트너십을 체결한 사람 혹은 기업이 그가 개척한 고객과 직접 계약하려고 한다면 어떻게 대처해야 할까? 이에 그는 '매우 좋은 질문'이라며 이렇게 대답했다.

"신규 고객을 확보하는 사람은 저이기 때문에, 당연히 저는 고객의 연락처 목록을 가지고 있고, 언제든지 고객과 연락을 취할 수 있습니다. 만약 파트너 기업이 '이 고객은 더 이상 우리에게 구매하지 않으니 커미션을 지불하지 않겠다'라고 말하면 '그렇다면 그 고객에게 확인 전화를 해보겠다'라고 대답하면 됩니다."

그렇다면 파트너 기업과 고객 기업이 '다부치 씨에게 커미션을 지불하지 않는 만큼, 제품을 저렴하게 판매한다'라고 결탁하였다면 어떨까? 그는 '역시나 그것이 이 비즈니스 모델의 약점'이라고 인정하면서도 '하지만 이미 그 문제도 해결했다'라며 딱 잘라 말했다.

"저의 경우, 파트너 기업의 전체 매출의 약 30%를 차지하고 있습니다. 그러면 대부분의 파트너가 오래 함께하고 싶다고 말하는데, 그 기회를 놓치지 않고 파트너 기업의 주식을 받습니다. 그러면 언제든지 그 기업의 모든 것을 볼 수 있게 되지요. 이 정도면 이 비즈니스 모델이 완성되었다고 말할 수 있을 것입니다. 뭐, 기본적으로 그만큼의 판매 성과를 올리는 파트너 기업을 정리한다는 것은 상대도 생각하지 못할 테지만요."

21세기는 '비즈니스 파트너의 시대'

다부치 씨는 비즈니스 오너가 된 자신의 경험을 글이나 교재로 정리하여 온라인에서 '비즈니스 오너 양성 강좌'로 판매하고 있다. 〈챕터 3〉에서 다룬 정보 기업가의 면모도 가지고 있는 것이다. 회원권으로는 '미디어 회원(연회비 16만8,000원)', '실버 회원(연회비 29만4,000원)', '골드 회원(연회비 57만7,500원)'의 세 가지가 있으며, 골드 회원에게는 그의 비즈니스 모델을 활용해 비즈니스를 해볼 수 있는 권리가 주어진다. 회원 수는 500명이 넘는다.

물론 '비즈니스 오너 양성 강좌'로도 큰 수입을 얻고 있지만, 그는 그 강좌는 본인에게 부차적인 요소에 불과하다고 말한다.

"그 강좌는 저, '다부치 히로야'라는 사람의 개인 브랜드를 확립하기 위해 만든 것입니다. 21세기는 '비즈니스 파트너의 시대'라고 생각합니다. 저 자신도 능력 있는 사람과 함께 일을 해보고 싶고, 저와 함께 일하고 싶어 하는 상대도 그럴 테지요. 그래서 저의 판매 능력이 어떤지를 어필하는 하나의 수단으로서 강좌를 개설하였습니다."

사실 그는 '비즈니스 오너 양성 강좌'가 주목을 받으면서 다양한 기업가들의 인정을 받았다. 그들과 함께 눈썹 문신, 아이라인 문신, 입술 색소침착 치료 등 다양한 뷰티 스쿨(*)을 프랜차이즈 형태로 전개하거나, 홍콩에 '세컨드 라이프(가상현실 플랫폼 - 역주)' 관련 CG 제작 회사를 세우는 등 여전히 성과를 올리고 있다. 신규 비즈니스를 전개하기 위해 기술이나 경험이 필요하면, 회원들의 네트워크를 활용하여 그 기술을 보유한 사람을 찾아 도움을 받을 수도 있다. 사실 그는 이것 또한 강좌를 시작할 때부터 고려하던 부분이라고 말했다.

'해야만 하니까 일을 한다', 그렇기에 괴로운 것이다

그가 비즈니스 오너를 목표하는 이유는 일본 버블 경제의 붕괴 이후, 증권 대기업이 문을 닫거나 주변에서 명예퇴직이 시작되는 것을 직접 겪으며, '이대로는 나도 가족을 부양하지 못할 수도 있다'라는 심각한 위기감을 느꼈기 때문이다. 매일 아침 7시 전에 집을 나와 밤 11시가 넘어 귀가하는 일이 너무 당연해지는 날들이 계속되면서, 가족과 함께 하는 시간이 충분하지 못하다는 사실에 불만을 느꼈다. 이러한 그의 걱정이나 불안은 여러 시스템을 소유한 비즈니스 오너가 되면서 한

꺼번에 사라졌다.

그의 생활은 평온 그 자체다. 기상은 아침 4시. 아내와 함께 지바현에 위치한 수풀이 울창한 인바 늪의 자택 주변을 약 40분 정도 여유롭게 산책한다. 집에 돌아오면 컴퓨터 앞에 앉아 비즈니스 관련 메일을 확인한다. 모든 메일에 답장하면 아침 6시, 늦어도 7시 즈음이다. 물론 회의 등으로 외출하는 날도 있지만, 기본적으로 하루의 '노동'은 이렇게 끝이 난다.

오후에는 주에 2~3회 요가 수업을 듣기 위해 체육관으로 향한다. 저녁 식사는 물론 가족과 함께한다. 주말에는 아이들의 농구 시합을 응원하기 위해 집을 나선다. "저에게 가장 중요한 것은 바로 가족입니다. 그다음은 건강이죠. 그 중간 중간 일을 한다는 느낌입니다. 직장인 시절과는 전혀 반대지요. 스트레스를 받는 일이 없어졌습니다."

하지만 그는 중국에서의 회사 설립이나 새로운 저서의 출간, 기업가 양성을 위한 대학 강의 등 하고 싶은 일이나 예정되어 있는 일은 산처럼 쌓여있다고 말한다.

"그로 인해 바빠지긴 했지만, 모두 제가 즐기면서 하는 일이기에 힘들지 않습니다. '해야만 해서 하는 것이기 때문에' 일이 괴로운 것입니다. '일하지 않아도 괜찮은 상황을 만들고 일을 하는 상황'이 되면, 그만큼 즐거운 일도 없을 것입니다."

싱긋 미소를 짓는 그의 얼굴이 얼마나 충실한 생활을 보내고 있는지 말해주고 있었다.

다부치 히로야 씨에게 배우는 시스템 구축의 비결

① 재발주가 들어올 때마다 계속 수수료를 받을 수 있는 계약을 체결하여 지속적인 수입의 흐름을 창출한다.

② 자신이 직접 처리하기에는 한계가 있으므로 그보다 다른 사람의 능력이나 기술을 잘 이용할 수 있는 방법을 고민한다.

③ 자신의 능력을 폭넓게 어필하고, 개인 브랜드를 확립하여 우수한 파트너를 획득한다.

시스템 소유자 다부치 히로야 씨의 지금

"시스템은 변함없이 계속 돌아가고 있습니다."

'반복 구매의 힘'을 활용해 스스로 '최강의 비즈니스 모델'이라고 호언장담하는 시스템을 구축한 다부치 히로야 씨. 지금도 그 시스템은 훌륭하게 계속 운영되고 있다. 케이스 스터디에서 자세하게 소개한 '특허 번역의 중개 비즈니스'는 2000년

시스템 데이터 파일 7   다부치 히로야(Tabuchi Hiroya)

▶ 레이팅(Rating)

자신이 개척한 고객이 반복적으로 발주를 하는 한 수수료 수입이 계속 들어오기 때문에 자동화 정도와 지속성은 매우 높다. 그리고 고객 개척에 최소한의 수고와 비용만 들기 때문에 소자본으로 시작할 수 있으며 리스크도 낮다. 하지만 메일 광고나 팩스만으로 상품

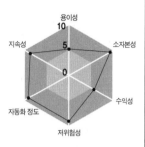

을 판매하기 위해서는 그에 대한 노하우와 마케팅 센스가 필요하며, '흥행하는 상품'을 발굴할 수 있는 안목도 필수다.

▶ 시스템(System)

반복의 힘으로 지속적인 수입 창출에 의한 시스템

▶ 카테고리(Category)

비즈니스 오너

▶ 만든 이(Maker)

다부치 히로야

▶ 프로필(Profile)

1961년 출생. 일본 릿쿄대학 사회학부 관광학과 졸업 후, 국제회의 운영 회사의 미국 법인 설립을 위해 3년 동안 미국에서 체류했다. 귀국 후 일본 닛코증권의 계열사인 주식회사 닛코에 입사하여 법인 영업 과장 등으로 근무했다. 재직 중, 미국의 특허 번역 회사와 연계하여 번역 중개 비즈니스를 시작하였다. 2000년 1월에 독립하여 유한회사 디시 그룹을 설립한 후, 불과 몇 년 만에 여러 비즈니스 시스템을 소유하는 비즈니스 오너가 되었다. 저서로는 《금시력으로 돈과 시간을 손에 넣다 - 비즈니스 오너가 되는 방법》이 있다.

▶ URL

하루 1분, 부자 아빠에게 배우는 비즈니스 오너의 발상법 http://www.tabuchihiroya.com

에 시작한 이후, 10년 넘게 변함없이 순항 중이며, 그는 이를 통해 매년 수억 원의 수익을 낸다. 앞에서 본 것처럼 그는 '전혀'라고 말해도 좋을 만큼 움직이지 않고도 그만큼 돈을 벌어들이고 있다.

"사실 '특허 번역'이라는 부분이 핵심이에요. 특허라는 것은 번역의 질에 따라 인정받는 범위가 넓어지기도 하고 좁아지기도 합니다. 누구나 자신의 특허를 조금이라도 폭넓게 인정받고 싶어 한다고 생각하는데, 저와 계약을 맺은 번역 회사는 그런 번역을 매우 잘합니다. 그러면 더 이상 가격이 문제가 아니지요. 다소 가격이 높더라도 의뢰하게 되는 것입니다. 전문성이 높기 때문에 가격 경쟁에 휩쓸려 매출이 한순간 곤두박질할 가능성이 없다는 것이 핵심입니다."

이처럼 그는 첫 인터뷰와 다름없이 온화한 미소를 띤 채 자신 있게 말했다.

'외상 매출금 회수 비즈니스'의 내용은?

다부치 씨의 자동적이고 지속적인 또 하나의 수입원이 앞에 케이스 스터디에서 '특허 번역의 중개 비즈니스와 비슷한 비즈니스 모델을 전개하고 있다'라며 간략하게 다루었던 '외상 매출금 회수 비즈니스'다. 다시 말하면 이는 부동산의 미납

월세 회수와 관련된 사업이다. 미납된 월세를 받기 위해서는 부단한 노력과 수고가 필요하기 때문에 채권자인 부동산 회사는 전문적인 외상 매출금 회수 업자에게 회수를 의뢰한다.

그는 독자적인 인맥을 활용해 부동산 대기업에 외상 매출금 업자를 소개했다. 그때 특허 번역의 중개 비즈니스와 마찬가지로, 외상 매출금 회수 업자와 부동산 대기업으로부터 업무 발주가 있을 때마다 일정한 비율의 수수료를 계속 받을 수 있도록 하는 계약을 체결했다. 그 후 외상 매출금 회수 업자의 주식을 매수하고, 회계 내용을 열람할 수 있도록 한 것도 특허 번역의 중개 비즈니스와 완전히 똑같다.

"예전과 비교하면 약간 감소했다고도 말할 수 있지만, 그래도 매월 일정하게 수백 만 원이 입금됩니다. 저는 전혀 움직이지 않기 때문에 너무나 감지덕지한 일이지요."

그밖에도 그는 전화 비서 대행 서비스 등 몇 가지 비슷한 모델의 비즈니스를 전개했다. 게다가 비즈니스 오너가 된 자신의 경험을 교재로 만들어 온라인 판매하는 '비즈니스 오너 양성 강좌'도 아직까지 계속하고 있다. 현재는 월 1회 발송하는 뉴스레터가 주요 활동인데, 회원 수는 약 500명을 유지하고 있으며 회비는 월 1만 원이다. 이것만으로도 월 500만 원 정도의 수입을 벌어들이고 있다. 다부치 씨는 다음과 같이 강조한다.

"이것도 시스템이라고 말할 수 있겠지요. 일단 하나하나는 그렇게 큰 금액은 아니지만, 여러 개의 수입의 흐름을 만들어 모두 합한 다음, 전체적으로 큰 수익을 얻는 것이 저의 방식입니다."

같은 비즈니스 모델도, 테마에 따라 성과가 다르다

다만 더 이상 취급하지 않는 비즈니스도 있다. 바로 케이스 스터디에서도 언급했던, '중국에서 건물 도면을 그려주는 OEM 비즈니스'의 사례다. 사업을 중단한 이유는 단순히 생각만큼 수익이 오르지 않았기 때문이다.

중국은 당시와 비교하여 인건비가 크게 상승하여, 중국 대신 더욱 저렴하게 도면을 그릴 수 있는 베트남이나 캄보디아가 대두되었다. 다부치 씨도 중국이 아닌 다른 나라에서 도면을 작성하는 것도 검토했지만, 인맥의 문제로 잘되지 않았다고 한다.

"지난번 취재 때도 '상품 소재의 선택이 매우 중요하다'라고 말했는데, 정말 말 그대로입니다. 비즈니스 모델은 같아도 무엇을 다루는가에 따라 성과는 크게 달라집니다. 본래 특허 번역의 중개 비즈니스나 외상 매출금 회수 비즈니스와 같은, 오랫동안 지속적으로 수익을 얻을 수 있는 '최강의 아이템'은 그렇게 쉽게 발견할 수 있는 것이 아닙니다. 10개 시도해서 1개만 남아도 괜찮지 않을까요? 대부분의 비즈니스는 언젠가 진부해지고 수명이 다하는 때가 다가오기 때문입니다."

그러므로 언제나 새로운 소재를 탐색해야만 하며, 항상 자신의 주변을 레이더를 켜고 관찰하는 것이 중요하다고 말한다.

"특허 번역의 중개 비즈니스나 외상 매출금 회수 비즈니스도, 많은 사람을 만나면서 여기저기 돌아다니다가 우연히 마주한 것입니다. 머릿속에 떠도는 생각만으로는 수입의 흐름을 만들 수 없습니다. 일단 무언가를 시도해 보고, 그를 열심히 해야 언젠가 '그동안 나는 이것과 만나기 위해 노력해온 것이구나'라는 생각에 닿을 수 있습니다. 한마디로 '움직임을 멈추지 말라', 그 말입니다."

다부치 씨는 그렇게 강조하며 표정을 가다듬었다.

세계를 무대로 한 비즈니스를 집대성하여 직접 다루고 싶다

사실 그는 2012년부터 미용과 관련된 네트워크 비즈니스를 시작하여 그로부터도 큰 수익을 얻고 있는 듯하다. 하지만 우리는 이 책의 〈챕터 1〉에서 서술한 것처럼 네트워크 비즈니스에 대해서는 다루지 않는다는 취재 방침에 따라, 여기에서는 그것에 대해 자세하게 설명하지는 않는다. 그는 현재 그 네트워크 비즈니스의 그룹 구상을 위해 매우 바쁜 나날을 보내고 있다고 한다. 그밖에도 인간관계나 커뮤니케이션, 정신 건강, 프레젠테이션 등과 관련된 강연이나 세미나 등 강단에 설 기회도 많아 일본 방방곡곡을 매일 돌아다니고 있다.

"다양한 장소에 방문하여, 많은 사람과 만나는 매일이 진심으로 즐겁습니다. 앞으로 언젠가는 세계를 무대로 비즈니스를 해보고 싶습니다. 아직 구체적으로 무엇을 해야 하는지 보이지는 않지만요. 그를 위해서는 무엇보다 돈이나 시간, 인맥이 필요합니다. 지금까지 성장시켜 온 사업들을 활용하여 마지막 집대성을 하고 싶습니다."

새로운 비즈니스와의 만남을 추구하는 다부치 씨의 열정적인 활동은 계속되고 있다.

"비즈니스 모델은 같아도 무엇을 다루는가에 따라 성과는 크게 달라집니다. 본래 특허 번역의 중개 비즈니스나 외상 매출금 회수 비즈니스와 같은, 오랫동안 지속적으로 수익을 얻을 수 있는 '최강의 아이템'은 그렇게 쉽게 발견할 수 있는 것이 아닙니다. 10개 시도해서 1개만 남아도 괜찮지 않을까요? 대부분의 비즈니스는 언젠가 진부해지고 수명이 다하는 때가 다가오기 때문입니다." 그러므로 언제나 새로운 소재를 탐색해야만 하며, 항상 자신의 주변을 레이더를 켜고 관찰하는 것이 중요하다고 말한다.

시스템 구축 케이스 스터디

④ 투자

▶▶ '투자'라는 하나의 단어로 표현했지만, 그 방법은 실제로 천차만별이다. 개인 투자가, 주식 투자, 투자 신탁. 외국자본 투자 중에는 하이리스크 하이리턴High Risk High Return의 FX 마진 (외환 증거금 거래)이 주목주이다. 그 외에도 개인을 대상으로 하는 국채 등 채권 투자에도 자금이 모인다.

▶▶ 그러나 이러한 금융 상품은 그 무엇도 시스템이라고 부르지는 않는다. 주식이나 FX 마진은 이윤을 얻기 위해 사고 팔아야 하는 등 어딘가 복잡하기 때문에 이 책에서 말하는 시스템의 필수 항목인 '자동화'와는 조금 다르다. 주식을 장기간 보유하여 배당금을 받는다는 선택지도 있지만, 다른 사람이 부러워할 정도의 수익을 얻기 위해서는 막대한 원금이 필요하다. 국채도 마찬가지다.

▶▶ 그렇다면 시스템이 될 수 있는 투자는 무엇일까? 그중 하나는 '부동산 투자'다. 이는 사고 파는 행위를 반복하지 않는다. 방을 빌려주는 '집주인'으로서, 지속적으로 월세 수입을 얻는 것을 말한다. 게다가 들어가는 자본에 비해 높은 이윤이 돌아온다. 이번 챕터에서는 그런 시스템만의 노하우를 소개한다.

▶▶ 또 다른 하나가 '사람에 대한 투자', 다시 말해 개인을 대상으로 하는 벤처 투자다. 일면식도 없는 사람에게 어떻게 투자하고, 어떻게 시스템을 구축할 것인가? 그에 대한 수많은 힌트를 다루고 있다. 그동안 알지 못했던 투자 기술을 다루고 있으니, 부디 참고가 되길 바란다.

부동산 경매로 이룬 꿈의 월세 소득 생활

은행 계좌에 돈이 쌓여갑니다. 그것도 알지 못하는 사이에 말이죠.

후지야마 유지

'시스템'으로 벌어들인 실수입 연 1억4,000만 원

부동산 월세 수입으로 생활한다. 아니, 단순히 생활뿐만 아니라, 가족끼리 장기간 여행하거나 넓은 단독주택에 거주하거나, 좋아하는 것을 먹고 마신다. 게다가 매일 자신이 좋아하는 일에 시간을 사용한다. 이는 누구나 꿈꾸는 이상적인 '건물주 생활'이다. 후지야마 유지(藤山 勇司) 씨는 인생의 절반인 40대에 그런 유유자적한 생활을 이미 손에 넣었다.

소유하고 있는 부동산은 총 87채. 그를 모두 임대하면, 1년 동안 월세로 많게는 3억7,000만~3억8,000만 원까지도 받는다. 여기에서 고정 자산세나 부동산 중개 수수료, 인테리어 업자에게 주는 수리비, 광고 선전비 등 세금과 기타 경비를 제외하면 약 1억8,000만 원이 남는다. 소득세가 대략 4,000만 원 정도 들지만, 그래도 수중에 1억4,000만 원이 남는다. 이는 후지야마 씨의 가처분소득, 이른바 실제 수령하는 수입이다.

"아내와 아이들, 아내의 가족까지 포함해 생활하기에는 충분한 수입입니다. 아니, 무척 여유 있는 생활이지요. 저번에도 가족들과 하와이 여행을 다녀왔습니다. 40박 42일의 여행이었지요."

후지야마 씨는 그런 우아한 생활을 아무렇지 않게 말했다.

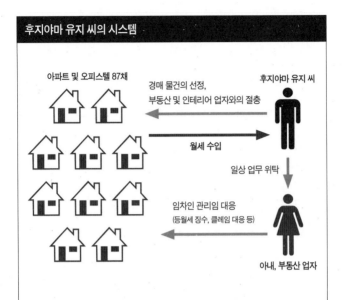

후지야마 유지 씨의 시스템

아파트 및 오피스텔 87채

후지야마 유지 씨

경매 물건의 선정,
부동산 및 인테리어 업자와의 절충

월세 수입

일상 업무 위탁

임차인 관리임 대응
(등월세 징수, 클레임 대응 등)

아내, 부동산 업자

후지야마 유지 씨는 홋카이도, 도쿄, 기사라즈의 세 지역에 경매에 올라온, 상태에 비해 저렴하게 판매되는 부동산을 취득하여 아파트와 오피스텔 87채를 소유하고 있다. 연간 월세 수입은 3억 7,000만~3억 8,000만 원에 이르며, 여기에서 세금이나 기타 경비 등을 제외하고도 1년 동안 실제 수령하는 수입이 약 1억 4,000만 원이다. 임차인 관리 등 일반적인 임대 업무는 대부분 아내와 각 지역의 부동산 업자에게 맡기고, 후지야마 씨는 저서 집필 등 본인이 좋아하는 일을 하며 시간을 보낸다.

이러한 임대 업무는 대부분 아내에게 맡기고 있다. 그는 **매입할 부동산을 고르고 인테리어 업자나 부동산 업자와 절충하는 등 일부 중요한 업무만 처리할 뿐, 세입자나 부동산 업자와의 연락이나 월세 징수 등 매달 임대인으로서 해야 하는 업**

무에서는 완전히 해방되었다. 다시 말해 필요한 최소한의 노력만으로 부러울 정도의 수입을 '저절로' 얻고 있는 것이다.

이것이 바로 후지야마 씨가 만들어 낸 시스템이다. 이 정도로 부동산의 혜택을 보는 것은 어떠한 속임수가 있는 것이 분명하다며, 그릇된 추측을 하는 사람도 반드시 있을 것이다. 예를 들어 부모의 유산을 받았다던가, 아니면 어떠한 엄청난 원금이 있어 그것으로 투자했다던가…. 그러나 후지야마 씨는 그런 유복한 세계와는 거리가 멀었다. 문자 그대로 맨몸, 하나부터 임대업을 시작하여 어느새 15년이 흘러 지금의 지위를 쌓아올린 것이다.

처음 세놓은 방이 13년 동안 현금을 만들어 내다

월세 수입 비즈니스 등은 너무나 식상한 수법이며, 새삼스레 귀 기울일 가치가 없다고 비웃는 사람이 있을 수도 있다. 그러나 후지야마 씨의 비즈니스에 속임수는 없어도 비결은 있다. 그것은 적은 자본으로도 비즈니스에 성공할 수 있는 유일한 방법이라고 말할 수 있을지도 모른다.

후지야마 씨는 **부동산 업자를 통해 거래되는 일반적인 '양지'의 물건은 쳐다보지도 않고, 한결같이 '그늘에 숨어 있는' 음지의 경매 물건을 매입하여 재산을 축적했다.** 경매 물건이란,

간단히 말해 빚을 변제할 수 없는 사람이나 기업(채무자)이 소유한 담보 물건을, 그 돈을 빌려준 사람(채권자)이 소를 제기하여 강제적으로 매각한 물건을 말한다. 시장 가격보다 저렴하게 손에 넣을 수 있기 때문에 이전부터 주목을 받는 부동산이다. 그러한 경매 물건에 주목한 것이 그 포인트다. 그는 원래 종합 상사인 오쿠라 상사를 다니는 직장인이었다. 상사맨으로 일하면서 부업으로 임대업을 시작하여 당당하게 직장인 건물주가 되었다. 1993년, 도쿄 아시다치구 다케노쓰카의 중고 원룸 오피스텔, 28m2(약 8평)의 경매 물건을 5,600만 원이라는 낮은 가격으로 매각한 것이 시작이었다. … 그러나 사전에 제대로 조사하지 않고 구입한 탓에 호되게 당했던 경험이 있다.

"오피스텔 앞에 우익 단체의 선전 차량이 멈춰있었는데, 그때는 그냥 어수선하다는 정도로 가볍게 생각했습니다. 그런데 제가 구입한 방의 문을 보고 새하얗게 질렸습니다. 거기에 일장기가 걸려있었던 것입니다."

방 안에서 나온 남성은 '나갈 계획은 없다'라며 후지야마 씨의 퇴거 요청을 가볍게 거절했다. 그때부터 후지야마 씨의 끈질긴 교섭이 시작되었다. 선물용 과자를 들고 몇 번이나 찾아가 고개를 숙이고, 온갖 수단과 방법을 동원하여 퇴거를 요청했다. 그렇게 방문한 지 4개월. 드디어 이야기가 끝이 났다. 체납된 월세는 청구하지 않고, 퇴거 비용 300만 원만 지불하는 조건으로 일단락된 것이다.

그로부터 13년. 기념적인 최초의 부동산은 월 55만 원, 연간 660만 원의 월세 수입을 계속 창출하여, 2007년까지 총 8,580만 원의 수입을 벌어들였다. 대략적으로 2007년까지의 수입, 8,580만 원에서 '초기 투자비용과 퇴거 비용'을 제외한 2,680만 원의 이익이 은행 계좌에 쌓여있는 것이다. 자랑스러운 표정의 후지야마 씨는 '심지어 저도 모르는 사이에 말이죠'라고 덧붙였다.

한정된 지역에 투자하다

이후에도 후지야마 씨는 계속해서 경매 물건을 사들이며, 돈이 되는 화수분을 차례차례 마련했다. 경매 물건은 다르게 표현하면 할인 판매와 같다고 할 수 있다. 오피스텔이나 부동산을 구매하려면 일반적으로 몇 억 원이나 필요할 것 같은 이미지가 있지만, 경매 물건은 한 자릿수가 다른 몇 천만 원으로 매입할 수 있는 경우도 적지 않다. 저렴하게 구매하여 이득을 취하는, 보물이 가득한 산이라고 할 수 있다.

그는 첫 경험의 실패를 교훈 삼아, 그런 세일 상품을 이리저

리 꼼꼼하게 알아본 뒤 낙찰했다. 방의 손상이 심하면 보수 작업을 통해 복구했다. 정신을 차리고 보니 이곳저곳에서 자동으로 월세가 들어오는 엄청난 '임대업 시스템'이 구축된 것이다. 후지야마 씨는 부동산을 소유한 지역을 도쿄 외에 홋카이도, 지바 현 기사라기시, 세 지역으로 한정했다.

"임대업에서는 그 지역의 부동산 업자나 인테리어 업자와 친하게 지내며 서로가 없어서는 안 되는, 상부상조하는 관계를 구축하는 것이 중요합니다. 다만 개인적으로 그런 관계는 세 지역으로 제한하고 있습니다. 이렇게 범위를 한정하는 것도 하나의 포인트라고 할 수 있습니다."

도쿄는 후지야마 씨의 고향으로, 부동산에 대해 많이 알고 있어 임대업의 본거지가 되는 지역이며, 홋카이도는 주택을 소유하는 비율이 40%로, 일본 전체 평균인 60% 보다 크게 낮기 때문에 임차인에게 곤란한 일이 생기지 않으며, 투자에 대한 이율이 엄청나게 좋다. 기사라기는 일본에서 토지 가격이 가장 낮은 지역이지만, 미래에 가와사키에서 기사라기로 이어지는 도쿄만 아쿠아라인의 통행료가 저렴해지면 지역 활성화가 진행되고, 거주지로서의 가치도 올라갈 것으로 예상된다. 그는 본인의 출신 지역과 미래 유망한 두 지역에서 임대업을 전개하고 있다. 이는 매우 전략적인 방법이다.

초보도 부동산 경매를 시작할 수 있을까?

그러나 부동산 경매를 불안하게 바라보는 시선도 강하다. 후지야마 씨와 같이 점유하는 사람이 있는 부동산에 당첨되는 등 리스크를 부정할 수 없는 것은 사실이므로, 경매를 통해 소유권을 취득하기 전에는 충분한 사전 조사가 필수다. 하지만 이제 그런 리스크는 꽤 높은 확률로 피할 수 있다. 2004년, 일본에서는 단기 임대차 보호제도가 폐지되면서 퇴거 비용을 노린 점유가 사실상 불가능해졌다.

그 결과 '점유하는 사람이 있는 경우가 전체의 10% 정도로 감소했다. 약 60%였던 과거와 비교하면 리스크가 대폭 줄어들었다'라고 후지야마 씨는 지적한다. 리스크가 낮다고 말하지는 못하지만, 평균적인 리스크 수준으로 개선되고 있는 것이다.

이러한 상황의 변화와 더불어 최근에는 인터넷에 경매 물건에 대한 정보가 넘쳐나고 있으며, 서점에는 부동산 경매 노하우를 알기 쉽게 해설한 책도 다수 판매되고 있다. 다양한 미디어를 활용하여 지식을 완벽하게 흡수한다면, 그 분야의 전문가까지는 아니라도 그에 필적하는 '일반인 투자 대상'으로 거듭날 수 있게 된다.

초보에게 특히 어려운 부분이 바로 입찰 가격의 설정이다.

도대체 얼마 정도의 금액으로 낙찰해야 투자에 성공하는지, 처음에는 짐작하기도 어려울 것이다. 이에 그는 자신의 저서에서, **'충분한 현금 흐름을 창출하기 위한 순이익율'**을 설정하고, 그를 확보할 수 있는 금액으로 입찰할 것을 권고하고 있다.

그는 수식의 분모에 물건 가격의 110%, 분자에 연간 월세 총수입의 80%를 대입하여 경매 물건의 순이익률을 계산한다. 분모에 더하는 10%는 부동산 기타 경비에 대한 일반 계수이며, 분자에서 빼는 20%는 고정 자산세, 도시 계획세, 수선적립금, 공실 예상비, 재보수 비용, 광고비, 각종 잡비를 더한 비율이다. 식으로 나타내면 다음과 같다.

$$\text{순이익률} = \text{연간 월세 총수입} \times 80\% / \text{물건 가격} \times 110\%$$

후지야마 씨의 방식은 순수익률을 '12% 이상'으로 설정하고, 그 식에서 도출된 물건 가격으로 입찰하는 것을 하나의 기준으로 삼고 있다(참고로 후지야마 씨의 평균 순수익률은 약 35%다).

경매 물건으로 임대업을 운영하기 위해서는 그밖에도 수많은 노하우가 필요한데, 그에 대해서는 후지야마 씨의 다양한 저서에서 상세하게 다루고 있으므로, 그 책을 읽고 연구해 보는 것도 좋은 방법이다. 또한 후지야마 씨가 강사로 근무하는 세미나에 참가하여 그 비법을 익히는 것도 하나의 방법이 될 수 있다.

직장인 건물주 후지야마 유지 공식 사이트
https://fujiyamayuji.com

투자용 오피스텔을 구매할 것인가?

한편 2007년에는 투자용 오피스텔 시장도 굉장히 뜨거웠다. 경제 버블의 재래가 떠오를 정도로 인터넷에는 다양한 정보가 난무했다. 직장이나 자택에 걸려오는 '높은 이율'을 강조하는 영업 전화에 짜증 난 사람도 적지 않을 것이다. 그렇다면 과연 투자용 오피스텔은 매입해야 하는 것일까? 관련 분야의 전문가인 후지야마 씨에게 물어본 결과, 대답은 명확했다. 'NO'였다.

"만약 도쿄 시나가와에 크기가 26제곱미터(약 8평)인 원룸을 매입가 1억5,000만 원, 월세 90만 원, 관리비 10만 원의 조건으로 매입한다고 가정합시다.

투자 총액은 각종 경비 10%를 포함해, 약 1억6,500만 원입니다(분모). 연간 월세 총수입(순잉여 월세)은 관리비를 제외한

960만 원에서, 고정 자산세 등 비용 20%를 뺀 768만 원입니다 (분자). 이때 순이율은 4.654%가 나옵니다. 이는 결코 높은 이율이라고는 말할 수 없습니다."

업자는 은행 융자 이야기도 꺼내면서 교묘한 말로 구매를 권하지만, 만약 금리 4%, 30년 대출로 전액을 빌렸다면 이자는 월 78만7,730원입니다. 이에 따라 한 달에 순잉여월세는 64만 원이 되지요. 수지타산에 맞지 않는 계산입니다.

이는 어디까지나 가정에 불과하지만, 후지야마 씨는 '돈을 버는 것은 결국 디벨로퍼(일반적으로 부동산 관련 개발 사업자를 일컫는 말 - 역주), 판매 회사, 금융 회사다. 그는 결국 돈을 버는 것은 이 셋이기 때문에, 구매자인 개인은 웃음을 지을 수 없다. 잘 해봐야 쓴웃음을 짓는 정도'라고 단언한다.

게다가 돈을 빌린 순간, 직장인으로서의 높은 신용도가 크게 폭락한다. 십중팔구 대출 대상자로부터 제외된다고 한다. 그러면 대출을 받아 내 집 마련의 꿈을 이룰 수 없게 되는 것이다. 이러한 엄청난 리스크는 피하는 것이 현명하다.

시스템 덕분에 저술 활동에 전념

부드러운 햇볕이 내리쬐는 넓은 거실. 2층까지 탁 트인 천정이 주는 개방감에 만족하고 있다. "이것만은 꼭 보여드리고 싶습니다. 제가 꿈에 그리던 큰 욕실입니다."

후지야마 씨가 이끈 곳에 다다르자, 그곳에는 부부와 아이, 세 식구가 충분히 들어갈 만한 큰 욕조와 우아한 세면대가 있었다. 임대업을 시작하고 13년. 그곳은 후지야마 씨가 마련한 자랑스러운 '궁전'이었다.

지금 후지야마 씨는 더 이상 부동산을 매입하지 않는다. 현재의 수입만 있다면 충분히 만족스러운 생활을 할 수 있기 때문이다.

"임대업은 언제나 그만둘 수 있습니다. 그 규모나 수입으로 스스로 만족한다면, 그대로 그를 유지하면 됩니다. 하나로 괜찮다면 그것만으로도 충분하며, 100개, 200개로 무리하게 늘릴 필요는 없습니다. 게다가 적게 갖는다고 하여 라이벌에게 기가 죽을 일도 없습니다.

만약 라멘 가게라면 이와 같지는 않을 것입니다. 작은 라멘 가게가 대기업과의 경쟁에 패배하여 폐업의 길을 걷는 것은 매우 흔한 일입니다. 다른 업종에서도 흔한 이야기지요. 하지만 임대업은 그렇지 않습니다. 그것이 다른 비즈니스와의 큰 차이점입니다."

자신은 움직이지 않아도 안정적으로 수입이 들어오는 생

활. 이렇게 인생의 이상적인 시스템을 손에 넣은 그는, 남은 시간을 자신이 좋아하는 일을 하며 보내며, 지금은 저술 활동에 전념하고 있다. 책상에 앉아 컴퓨터를 하며 자신의 생각을 문자로 표현한다. 임대업 노하우에 관련된 책뿐만이 아니다. 자신의 인생을 이야기한 에세이, 소설 등 폭넓은 범위를 다룬다.

"저의 목표는 아쿠타가와상, 나오키상 수상입니다."

후지야마 씨는 웃음을 띠며 농담인지, 진담인지 모를 어조로 그렇게 말했다.

후지야마 유지 씨에게 배우는 시스템 구축의 비결

① 저렴한 가격의 경매 물건을 유망한 지역에 한정해 매입한다. 각 지역의 부동산 업자나 인테리어 업자와 친밀하게 지낸다.

② 순수익률을 12% 이상으로 설정하고, 달성 가능한 물건을 고른다.

③ 부동산 선택 등 중요한 부분만을 담당하고 일상적인 임대 업무는 다른 사람에게 맡긴다.

시스템 데이터 파일 8   후지야마 유지(Fujiyama Yuji)

▶ 레이팅(Rating)

세입자가 생기면 자동적이고 지속적으로 매달 월세가 들어오기 때문에, 수입 형태로서는 이상적이다. 경매 물건을 다루기 때문에 순수익률도 높고, 수익성도 뛰어나다. 하지만 어느 정도 전문 기술이나 노하우가 필요하며, 시작할 때 수천만 원의 부동산 매입 자금도 필

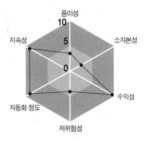

요하다. 더불어 고려해야 할 리스크로는 월세 체납, 공실 발생 등의 요인도 있어 그런 사항을 신중히 판단해야 한다.

▶ 시스템(System)

경매 물건의 월세 수입에 의한 시스템

▶ 카테고리(Category)

투자

▶ 만든 이(Maker)

후지야마 유지

▶ 프로필(Profile)

1963년 출생. 1985년 일본 애히메대학교 농학부를 졸업하고 대기업 상사에 입사하였으며, 재직 중 임대 사업을 시작했다. 1998년에는 직장이 도산하여, 전업 임대 사업으로 전향한 후, 경매 물건의 임대업으로 대성공을 거두었다. 소유한 부동산은 87채이며, 총자산은 47억 원(2007년 기준)이다. 2003년에는 자신의 노하우를 책으로 펴낸 《직장인 '건물주'가 되는 46가지 비결》이 베스트셀러가 되었다.

▶ URL

직장인 건물주 후지야마 유지의 공식 사이트 https://fujiyamayuji.com/

시스템 소유자 후지야마 유지 씨의 지금

"새로운 시스템을 완성했습니다.
자, 거기에서 발생하는 수입이⋯."

첫 취재로부터 1년 후, 후지야마 유지 씨는 자신의 아이디어를 사업 파트너인 요시무라 코지(吉村 光司)에게 맡기고 부동산 경매 물건에 관한 전혀 새로운 비즈니스를 시작했다. 바로 웹사이트 '부동산 경매 물건 정보 센터'(통칭 981.jp)*다. 간단히 말해 이는 경매 물건을 다루는 부동산 업자와 일반 소비자를 연결해주는 서비스를 제공하는 사이트다.

경매 물건 중개 사이트로 매출 10억 원 이상

일반 소비자는 이 사이트에서 일본 전국의 경매 물건을 무료로 찾을 수 있다. 그러나 일반 물건이 '택지 건물 거래업법(택지 건물 거래업자의 면허 제도나 업무상 규제 등을 규정한 법률 - 역주)'이라는 법률에 근거하여 소비자를 극진히 보호하는 데

해당 사이트를 구글에 검색하면, 검색 결과는 도출되지만 사이트 접속은 불가한 상태임.

반해, 경매 물건은 '민사집행법'이라는 법률에 근거하여 모두 본인 책임으로 해야만 한다.

예를 들어 괜찮아 보이는 물건을 발견하더라도 부동산 지식이나 거래 경험, 민법이나 채권법 등 법률 지식이 없으면 얼마나 리스크가 있는지, 어떻게 진행해야 하는지 모르는 것투성이여서 초심자가 구입하기에는 허들이 높다.

그래서 이 사이트에서는 등록한 부동산 업자가 '경매 컨설턴트'로서, 소비자 문의나 경매 물건 매입에 관한 지원 요청에 대응한다. 그런 지원을 통해 낙찰받고, 각종 절차를 대신 처리하여 무사히 경매 물건을 매입하게 되었다면 부동산 업자에게 중개 수수료를 지불하는 시스템이다.

다시 말해 소비자는 전문가의 지식을 활용하여 일반 부동산보다 낮은 가격인 경매 물건을 매입할 수 있고, 부동산 업자는 신규 고객과 수수료 수입을 얻을 수 있다는, 고전 방식으로 말하면 서로 윈윈Win-Win하는 서비스인 셈이다.

비즈니스의 수익 모델 포인트는 무엇일까? 소비자는 무료로 경매 물건 정보를 열람하며, 문의나 지원을 요청하기 위한 개인 회원 등록도 무료다. 현재 약 40,000명이 등록되어 있다. 반면 부동산 업자가 '경매 컨설턴트'로 등록하기 위해서는 매월 26만2,500원을 지불해야 한다. 현재 등록 기업 수는 약

380개로, 월간 약 1억 원, 연간 약 12억 원의 매출을 기록하고 있다.

나아가 또 하나의 수입원이 있다. 사이트를 운영하는 일반 사단법인 '부동산 경매 유통협회'가 연 1회 실시하는 '경매 부동산 거래 전문가 자격시험'이다. 수험료는 9만5,000원으로, 2011년 응시자는 1,140명이었다. 여기에서 얻는 매출은 약 1억 1,000만 원 정도로 계상된다. 2012년부터는 통신 교육 대기업 '유캔U-CAN'의 강좌도 시작하여 수험자 수가 확실히 크게 증가했다. 그밖에도 자격증과 관련된 각종 세미나를 개최하여, 그 수강료도 수익이 된다.

앞으로 등록 기업 수와 수험자 수의 증가가 기대되는 만큼 매출도 계속해서 증가할 것이다. 후지야마 씨에게 이 시스템으로 어느 정도(수익의 몇 퍼센트)를 받고 있는지 질문했지만 그에게서 의외의 답변이 돌아왔다. "저는 한 푼도 받지 않습니다."

돈은 필요 없다, 그들을 지원하는 것만으로도 충분하다

'한 푼도'라는 말에는 어폐가 있다. 그는 세미나에서 강의하고 강사료를 받고 있다. 그러나 주요 분야인 부동산 업자의 등록료나 수험료 등은 전혀 받지 않는다고 한다. 경영 회의에 참석하거나, 자금을 투자하여 비즈니스 오너가 되는 등 수익을 꾀하는 길은 얼마든지 열려 있다.

"하지만 저는 이미 경매 물건이라는 시스템으로 부동산을 96채를 소유하고 있으며, 자산 규모는 45억 원, 월세 수입이 연간 4억2,000만 원입니다. 돈 때문에 어려움을 겪지 않고 충분히 먹고살 수 있습니다. 그렇기에 실제로 비즈니스를 하면서 열심히 하는 사람들에게 모두 나누어주어야 한다고 생각합니다.

고민이 있으면 충고와 조언을 해주고, 분쟁이 있으면 해결해 줍니다. 가끔 시간이 있을 때는 격려하고 응원하기 위해 회사에 얼굴을 비추고 있습니다. 그렇게 응원단처럼 그들을 지원하는 입장에서 다 함께 기업 경영을 성공시키는 꿈을 꾸고 있습니다. 말하자면 아이디어맨이자 버팀목, 교육 위원회인 것입니다. 저는 그것으로 만족합니다. 이렇게 돈에 얽매이지 않는 사람이 한 명쯤은 있어야 큰 비즈니스가 성공하지 않을까요?"

후지야마 씨는 시원스레 자신의 시스템을 언급하였지만, 막대한 월세 수입은 시간이 지난 지금까지 변하지 않기는커녕 오히려 증가한 것 같다. 이전에는 도쿄, 홋카이도, 기사라기, 세 지역에만 물건을 매입했지만, 최근에는 그와 더불어 후쿠이 현의 후쿠이 시와 아와라 시, 교토부의 마이즈루 시 등 호쿠리쿠 지역 주변의 물건을 추가로 매입했다고 한다. 여기에도 기존 세 지역과 마찬가지로 명확한 이유가 있다.

"저는 빠른 시일 내에 남쿠릴 열도 분쟁이 해결될 것이라고 예상합니다. 상황에 따라서는 4개 섬이 모두 반환될 수 있습니다. 그 조건으로 러시아는 일본에 시베리아 천연가스 개발에 대한 출자를 요청할지도 모릅니다. 그러면 러시아 극동지역에 자금이 흘러들어가, 풍요로워진 생활자가 일본 제품에 관심을 갖게 되면서 일본 니가타에서 마이즈루 주변까지가 무역의 중개점이 될 수 있습니다. 그렇기 때문에 그 근처의 부동산을 매입해야만 하는 것입니다. 술집이 있는 3층 건물, 단독주택, 주유소에 자동차 정비 공장까지 물건의 형태는 다양합니다. 주유소나 공장을 매입한 이유는 현지 사람들과의 비즈니스 관계도 필요하다고 생각했기 때문입니다. 더불어 저를 응원해주는 상대가 생기면 더 힘이 나잖아요."

말이 안 되는 시나리오다. 그러나 후지야마 씨가 과거 유망하다고 생각했던 기사라기 지역에 2012년, 미츠이 아울렛파크가 오픈하면서 지역 가치가 상승했다. 현재 소유한 부동산이 모두 만실이 되어 매우 순조롭게 흘러가고 있다. 그의 예측이 또 한 번 적중하는 것은 아닐까…? 그런 생각이 들다니, 참 신기한 일이다.

신인상을 목표하는 소설가

그렇다면 후지야마 씨처럼 입지가 좋은 지역을 찾아낼 수 있는 비결은 무엇일까? 그는 키워드 중 하나로 '온고지신'을 꼽았다. "좋은 입지는 옛날부터 사람이 많이 모이는 시설이 위치한 곳에 있는 경우가 많습니다. 예를 들어 기사라기는, 과거에도 시대에 품위를 지켜야 하는 무사가 유흥가를 만들며 활성화된 지역입니다. 그런 역사적 배경이 있기에 사람이 모이기 쉬운 지역임에도 불구하고 극단적으로 저평가되고 있었습니다. 그래서 저는 '사야 한다'라고 생각했던 것이지요."

그리고 그는 다른 키워드로 '콤팩트 시티화'를 들었다. 오늘날 지방의 중핵도시에서는 교외에서 중심부로 주민을 이주시키고, 시가지의 규모를 작게 만들어 도로의 효율화와 비용 감축 등을 꾀하고 있다. 다시 말해 산골짜기 마을에서 중핵도시로 사람들의 이동을 기대할 수 있다. 포인트는 '예전부터' 중핵도시였다는 점에 있다. 이러한 도시는 앞서 온고지신이라고 서술한 것처럼 사람이 쉽게 모이기 때문이다.

그는 이렇게 독자적인 관점으로 시스템을 구축하여 확보한 대부분의 시간을 소설을 집필하는 데 쏟고 있다. 장편 소설은 이미 16작품에 이르며, 그중 4권이 출간되었다. 최근에는 각 출판사에서 주최하는 대회의 신인상을 목표로 작품 응모도 많이 하고 있다.

"이제 슬슬 상을 받을 때도 되었지요."

이렇게 말하며 웃는 후지야마 씨. 인기 작가로서 꽃피울 날이 가까워졌는지도 모른다.

월세 수입 비즈니스 등은 너무나 식상한 수법이며, 새삼스레 귀 기울일 가치가 없다고 비웃는 사람이 있을 수도 있다. 그러나 후지야마 씨의 비즈니스에 속임수는 없어도 비결은 있다. 그것은 적은 자본으로도 비즈니스에 성공할 수 있는 유일한 방법이라고 말할 수 있을지도 모른다. 후지야마 씨는 부동산 업자를 통해 거래되는 일반적인 '양지'의 물건은 쳐다보지도 않고, 한결같이 '그늘에 숨어 있는' 음지의 경매 물건을 매입하여 재산을 축적했다. 경매 물건이란, 간단히 말해 빚을 변제할 수 없는 사람이나 기업(채무자)이 소유한 담보 물건을, 그 돈을 빌려준 사람(채권자)이 소를 제기하여 강제적으로 매각한 물건을 말한다. 시장 가격보다 저렴하게 손에 넣을 수 있기 때문에 이전부터 주목을 받는 부동산이다. 그러한 경매 물건에 주목한 것이 그 포인트다.

'롯폰기힐스의
호랑이'의
개인 벤처 투자 철학

저는 이제 제가
즐겁다고 생각하는 일밖에
하지 않습니다.

고다 에이지

사치스러운 자동차나 사무실, 집은 '장사를 위한 도구'일 뿐

저자(아라하마)가 어느 잡지의 취재에서 들은 고다 에이지(甲田 英司) 씨의 한 마디.

"저는 이미 아무것도 하지 않아도 돈이 들어오는 시스템을 만들었으니까요."

아직도 귀에 남아 있는 그 강렬한 충격이 시스템에 대한 책을 구상한 계기가 되었다. 그렇다면 고다 씨가 구축한 그 구조, 다시 말해 이 책에서 말하는 시스템이란 도대체 어떤 것일까? 당연히 궁금해질 수밖에 없다.

'롯본기힐스의 호랑이'라고 불리는 고다 씨는 TV나 잡지 등 다양한 매체를 떠들썩하게 만드는 인물로, 이미 그에 대해 알고 있는 독자도 적지 않을 것이다. 그의 직함은 투자 회사의 대표. 그는 롯폰기힐스에 사무실을 차리고, 포르쉐와 페라리 등 여러 대의 고급 외제차를 몰고 다니며, 저명한 정치인도 거주하는 도심의 고급 아파트에 거주하고 있다. 얼굴을 새까맣게 태우고 풀어헤친 앞섬 사이로 은색 액세서리가 슬쩍 보인다. 마치 혼자서 모든 호황을 다 누리는 것처럼 보였다. 솔직히 취재하기 전, 저자는 언론에 자주 등장하는 그에 대해 '정체를 알 수 없는 사람'이라는 인상을 품고 있었다.

하지만 실제로 그를 만난 후, 그런 생각이 싹 달라났다. 매우 겸손하고 진국인 건실한 청년이었던 것이다. 사치스러운 자동차와 사무실, 집에 대해, 고다 씨는 "어디까지나 그것들은 투자 대상일 뿐이며, '나도 언젠간 이런 생활을 할 것이다'라는 동기 부여를 고취하기 위한 '장사 도구'에 불과하다"라며 딱 잘라 말했다.

술이나 담배, 도박은 전혀 하지 않으며, 생활비는 지인이나 업무 상대와의 회식비 등에는 자주 쓰지만, 그런 지출을 제외하면 월 200만 원 정도밖에 되지 않는다고 한다. 롯본기 힐스에 거주하는 사람들 중에는 매우 착실한 사람에 속하는 것이다.

저서인 《부자가 되어라!》에서도 다룬 것처럼, 고다 씨는 부모님의 부재로 결코 유복하다고 말할 수 없는 환경에서 성장하였으며, 19세가 되면서 신주쿠 거리의 포장마차에서 빙수를 팔면서 비즈니스를 시작했다.

이후 휴대폰 판매나 음식점 경영 등으로 재산을 모은, 누구보다 고초를 겪으며 성공한 사람 중 한 명이다. 화려한 겉모습과는 다른 그 착실함은, 그런 과거의 고생한 경험으로부터 나온다고 할 수 있다.

40개 이상의 음식점에 투자

고다 씨가 진행하고 있는 비즈니스는 자기 자본 투자Principal Investment, 이른바 자기 자금에 의한 투자를 말한다. 고다 씨가 찍은 '사람'이나 '비즈니스'에 출자하여 수익이 올라가면 그에 따라 정해진 비율의 이익을 분배받고 있다.

투자 대상은 대부분 개인이다. 개인을 대상으로 하는 벤처 캐피탈, 이른바 '엔젤'이라고도 불러도 좋을 것이다. 고다 씨는 대부분 자신의 성공 경험이 많은 음식점에 투자했다. **술집, 고 깃집, 라멘 가게, 스낵바, 유흥업소 등 분야는 다양하다.** 그 외 에도 **휴대전화로 생방송 등 동영상을 송신하는 기업 등에도 투자했다. 투자 대상은 음식점만 해도 40곳이 넘는다.**

"저는 주로 은행에서 돈을 빌리기 어려운 사람이나 사업가 에게 투자하고 있습니다. 예를 들어 음식점에 대해 굉장히 좋 은 아이디어가 떠올랐지만, 몇 명의 보증인이 필요한 자금을 구하지 못해 괴로워하는 20대나 30대의 젊은 창업 희망자가 많습니다. 제가 개인 벤처 투자를 하는 가장 큰 이유는 어떻게 든 그들의 힘이 되고 싶기 때문입니다."

그러나 고다 씨는 '단순히 돈을 빌려주기만 하면 나에게는 아무런 이득도 없다'라고 말한다.

이에 고다 씨가 가진 노하우를 컨설팅 서비스로 제공하여, 수익을 낼 수 있는 매장을 꾸리는 데 도움을 주고 있다. 매출에 따른 컨설팅 비용을 분배금으로 받기 때문에 출자한 매장의 수익이 오르면 그만큼 고다 씨가 받는 수익도 커진다.

돈을 빌려주고 이자를 받으면 끝이다. 그러나 투자를 한 후, 그 수익에서 컨설팅 비용을 받게 된다면 지속해서 수입을 얻을 수 있다. 그게 바로 포인트다. 그 결과, 지금은 **40건 이상의 투자처로부터 매월 거의 자동으로 '분배금'이 들어오고 있는데, 이는 완벽한 시스템**이라고 말할 수 있다.

고다 씨가 잘하는 컨설팅 방법은 철저한 비용 절감이다. 예를 들어 고다 씨가 출자한 여러 매장에서 술 등의 매입처를 하나로 통일하여 그만큼 저렴하게 구입할 수 있도록 만들거나, 한 매장에서 필요하지 않은 설비나 집기를 다른 매장으로 넘기고, 또 매장을 이전할 때는 다른 출점 희망자에게 그곳을 소개하여 물건 취득의 명의 변경만으로 끝내는 것이다. 만약 근무하는 직원이 한 매장에서 근무하는 데 어려움이 생기면, 다른 지점에서 근무할 수 있는지 물어보며 매장끼리 직원을 이동시켜 구인하는 데 들어가는 비용을 크게 줄이고 있다.

"요약하면 저는 사람과 상황을 잘 돌아갈 수 있도록 고민하는 것입니다. 만약 그것이 가능하다면 돈도 잘 굴릴 수 있겠지요.

모두 돈을 굴리는 것만 생각하기 때문에 실패하는 것입니

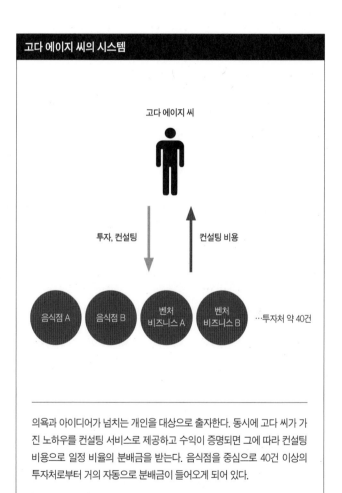

고다 에이지 씨의 시스템

고다 에이지 씨

투자, 컨설팅   컨설팅 비용

음식점 A   음식점 B   벤처 비즈니스 A   벤처 비즈니스 B   …투자처 약 40건

의욕과 아이디어가 넘치는 개인을 대상으로 출자한다. 동시에 고다 씨가 가진 노하우를 컨설팅 서비스로 제공하고 수익이 증명되면 그에 따라 컨설팅 비용으로 일정 비율의 분배금을 받는다. 음식점을 중심으로 40건 이상의 투자처로부터 거의 자동으로 분배금이 들어오게 되어 있다.

다. 자금에 묶여 버리면 어딘가에서 돈을 빌려오는 것보다, 사람과 상황을 정리하여 지금 하는 일을 최소한의 비용으로 가능하게 만드는 것이 가장 먼저 해결해야 할 과제입니다."

고다 씨가 이런 개인 벤처 투자 비즈니스를 시작한 것은 고다 씨가 소유한 가게에서 일하던 전 꼬치 가게 주인, 40대 후반의 남성에게 1,500만 원을 출자한 것이 계기였다. 그는 돌아가신 아버지의 뒤를 이어 꼬치 가게를 경영하고 있었는데, 술로 몸을 망가뜨리고 가게를 엉망으로 만들어 버렸다.

'무슨 일이 있어도 가게를 다시 일으키고 싶다'라며 필사적으로 일하는 그에게 고다 씨가 '얼마가 필요한가'를 묻자, '1,500만 원'이라는 대답이 돌아왔다. '단돈 1,500만 원?'이라며 깜짝 놀란 고다 씨가 마음먹고 투자한 결과, 그 남성은 시작한 꼬치 가게를 훌륭하게 성공시켜 재기를 이루었다.

"1,500만 원으로 자신의 부모님만큼 나이 차이가 나는 사람의 인생을 변화시켰습니다. 사람이 행복해지면 그에 의해 나도 행복해지는, 그런 의미 있는 일은 없다고 생각합니다."

실제로 그 남성은 이후 매장이 7개까지 늘어난, 꼬치 가게의 경영자가 되었다. 고다 씨는 그 가게에서만 매월 700~1,000만 원 정도의 컨설팅 비용이 들어온다.

CEO로 있는 회사의 연 매출은 약 200억 원이며 고다 씨의 개인 연 수입은 약 10억 원이다. 단 그 가운데 회사의 연 매출 중개인 벤처에 한 투자에 의한 수익은 사실 지극히 일부에 불과하다. 대부분은 홍콩 프라이빗 뱅크에 맡긴 자산의 운용 수익이라고 한다.

"솔직히 저는 더 이상 일을 하지 않아도 문제가 없습니다. 더구나 회사를 운영할 필요도 전혀 없지요. 홍콩 은행에 연락하는 것이 오히려 여러 비용을 들여가며 회사를 운영하는 것보다 훨씬 이득입니다. 그러나 그러면 인생은 재미가 없지요. 다양한 사람과 만나 투자를 하고, 인맥을 만듭니다. 그래야 앞으로 더욱 즐거운 일이 기다리고 있다고 생각하기 때문에 하고 있습니다."

회사에도 주 2~3회 정도만 출근한다. 그렇지만 회사 업무 이외에도 투자를 원하는 사람과의 면담이나 블로그와 잡지 게재, 저서의 원고 집필, 또 언론 인터뷰 등 매우 바쁜 나날을 보내고 있다고 한다. 그러나 이는 어디까지나 고다 씨가 스스로 자진해서 하는 일이며, 누군가에 의해 강제적으로 하는 일이 절대 아니다. "저는 이제 제가 즐겁다고 생각하는 일밖에 하지 않습니다." 이렇게 말하는 고다 씨는 완전한 경제적 자유를 누리고 있다고 말할 수 있다.

갑자기 큰 투자를 요구하는 사람은 절대 불가

고다 씨는 블로그, 자사에서 주최하는 파티, 세미나 또는 강연회 등을 통해 투자 희망자를 모집하고 있다. 롯본기힐스에서 열리는 파티 등에도 특별히 참가 제한이 설정되어 있지 않으며, 어떨 때는 한 회에 600명 정도가 모이는 일도 있다고 한다. 평균적으로 월 100명 정도의 투자 희망자와 만나고 있다니, 꽤 많은 사람을 만나고 있는 셈이다.

"최대한 많은 사람과 만나려고 하는 이유는 언제나 '허풍쟁이'라는 말에 신경을 쓰고 있기 때문입니다. 저에게는 '1,000개의 이야기 가운데 3개만 유의미하다'라는 의미입니다. 하지만 뭐, 실제로는 1,000개까지 가지 않아도 3개 정도는 흥미로운 이야기가 있습니다."

이렇게 말하며 웃는다. 그렇다면 도대체 어떤 기준으로 투자 대상자를 선별하고 있을까? 그는 다음과 같이 이야기한다.

"우선 갑자기 큰 금액을 부르는 사람, 그런 사람은 절대로 안 됩니다. 그런 사람이 꽤 많아요, 갑자기 10억 원을 빌려줄 수 있냐는 사람들 말입니다.

예를 들어 '가게를 차리고 싶으니 5억 원을 출자해 주었으면 한다'라고 말하는 사람에게 저는 '우선 포장마차부터 시작해 보는 것은 어떤가요?' 하고 묻습니다. 그런데 반대로 자신

242

의 분수에 맞게 작은 사업부터 시작하려는 사람은 성공하기 쉽습니다.

하지만 비즈니스를 시작하는 데 저에게 전액을 투자해 달라고 말하는 사람도 안 됩니다. "부모님이나 친척, 친구 등 주변 사람들에게 이만큼의 금액을 빌렸습니다. 그러니 부족한 금액만큼 출자를 부탁합니다"라고 말한다면 이해할 수 있습니다. 그러나 한 푼도 가지고 있지 않으면서, 완전 남인 저에게 찾아오다니, 주변 사람들이 본 그 사람의 가치는 없다는 의미겠지요? 비즈니스를 함께 하기 이전에, 그러한 삶의 방식을 고수해 왔다는 것 자체를 반성하는 것이 좋습니다."

또 한 가지, 고다 씨는 '고생을 감내할 수 있는가'라는 점을 중시한다고 한다. '꼬치 가게를 차리고 싶다'라고 말한 사람이 있다면, 고다 씨는 먼저 '저의 지인의 가게에서 3개월, 무보수로 근무해보는 것은 어떤지'를 제안한다. 고다 씨는 그 제안을 받아들이지 않고 오직 투자만 요구하는 사람은 성공할 수 없다고 판단하여 투자하지 않는다고 한다.

'돈'보다 '사람'을 얻는 것이 더 중요하다

이렇게 꼼꼼하게 선별하여 투자한다고 하더라도, 모든 사람이 은혜를 잊지 않는 것은 아니다. 조금씩 일이 풀리기 시작하자마자 고다 씨에게서 멀어지려는 사람도 있었고, 엄청 심하게 고다 씨를 배신하는 일도 있었다. "회사를 세우고 다른 사람에게 경영을 맡기면 어느새인가 회사가 없어졌거나, 투자하여 세운 가게의 모든 직원이 그만두고 다른 가게를 차리는 일도 있었지요."

그러나 고다 씨는 그것은 어쩔 수 없다고 말한다. 자신에게 일어나는 일은 모두 자신의 책임이라는 것이다. 그를 제대로 이해하고 소화할 수 있을 만큼의 그릇을 가졌다면, 만약 누군가가 자신을 속여도, 언젠가 다른 사람에게 다른 형태로 돌아온다고 고다 씨는 생각한다. 나아가 고다 씨는 '돈'보다 '사람'을 얻는 것이 더 중요하다는 자신만의 철학을 이야기한다.

"돈만 벌고 사람을 소중히 생각하지 않는다면 일이 잘 풀리지 않을 때, 사람들은 금방 떠나 버리고 생활도 어려워집니다. 하지만 '사람을 얻기 위해' 행동하고, 주변에 신뢰할 수 있는 사람이 모이면, 본인이 그 자리에 없어도 비즈니스는 잘 흘러가고 결과적으로 이익 창출로 이어질 것입니다."

고다 씨는 '사람을 얻기' 위해서는 무엇보다 다른 사람에 대한 신뢰가 필요하다고 강조한다. 시스템 구축의 가장 첫걸음은 신뢰에서부터 시작한다는 것이다. 앞으로도 발리나 태국에서의 리조트 건설 등 고다 씨는 다양한 분야에서 비즈니스를 전개하기 위해 계획하고 있다. 그 가운데 그는 무엇보다 꾸준히 '행복한 부자'로 있기를 바란다.

'행복한 부자'는, 고다 씨가 읽고 인상 깊게 읽었다는 《스무 살에 만난 유대인 대부호의 가르침》이라는 책에 나오는 표현으로, 고다 씨는 '행복한 부자'를 '돈을 목적이 아닌, 수단으로 생각하는 사람', '즐겁게 돈을 사용하는 사람'이라고 정의한다. "저도 예전에는 오로지 돈을 버는 것만 목표로 삼았습니다. 하지만 지금은 어쨌든 제가 행복하기 위해, 다른 사람을 행복하

고다 에이지 씨에게 배우는 시스템 구축의 비결

① 돈을 '빌려주는 것'이 아니라, '투자'하여 지속적인 수입을 얻는다.

② 유익한 이야기는 '1,000개 중 3개'에 불과하다. 자신의 존재를 세상에 알리고, 연락이 오는 사람들과는 최대한 만나 기회를 만든다.

③ 분수에 맞는 작은 규모의 비즈니스부터 시작하는 사람에게 견실한 투자를 한다.

시스템 데이터 파일 9

고다 에이지(Koda Eiji)

▶ **레이팅(Rating)**

투자처가 꾸준히 이익을 내면 지속해서 분배금을 얻을 수 있다. 투자처의 비즈니스가 궤도에 올라가면서 컨설팅 부담도 줄어들고, 자동화에 가까워진다. 물론 투자한 만큼 비즈니스가 기대처럼 성장하지 않고 출자금 회수도 어려워질 위험성도 있지만, 반대로 수익

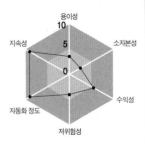

이 많이 증가하면 그만큼 보상도 크다. 다만 사업 초기에는 큰 자금이 필수이므로 투자할 만한 유망한 사람이나 비즈니스를 분별하기 위해서는 풍부한 경험과 통찰력이 요구된다.

▶ **시스템(System)**

개인 벤처 투자에 의한 시스템

▶ **카테고리(Category)**

투자

▶ **만든 이(Maker)**

고다 에이지

▶ **프로필(Profile)**

1974년 출생. 어렸을 적 부모님이 이혼하여 할아버지에게 맡겨지면서 유복함과는 거리가 먼 유소년 시절을 보낸다. 고등학교 졸업 후 다양한 아르바이트를 하다가 1993년, 신주쿠 쇼핑몰 앞에서 빙수 포장마차를 개업하면서 월 1,000만 원의 매출을 올렸다. 휴대전화 영업으로 업계 1위를 차지하기도 하고, 음식점 경영에도 성공했다. 2005년, 개인 벤처를 지원하는 주식회사 로이스 인베스트먼트 파트너(현재 로이스 팩토리)를 설립하여 CEO를 맡고 있으며, '롯폰기힐스의 호랑이'로 TV나 잡지 등 미디어에서도 활약하고 있다. 저서로는 《부자가 되어라!》가 있다.

▶ **URL**

고다 에이지 공식 블로그 : http://ameblo.jp/roys999/

게 하기 위해 돈을 벌고 싶습니다."

무엇보다 그는 아직 30대다. 이미 완성한 시스템을 바탕으로, 더욱더 흥미로운 인생이 고다 씨 앞에 펼쳐있다.

시스템 소유자 고다 에이지 씨의 지금(*)

"저의 방식은 빙수 포장마차를 시작한 그때와 전혀 달라지지 않았습니다."

TV나 잡지 등을 통해 고다 에이지 씨의 얼굴이나 이름을 알고 있는 사람이 많을 것이다. 그는 2009년, 일본의 80년대 걸그룹 '오냥 코 클럽' 출신의 여배우 고쿠쇼 사유리(国生さゆり) 씨와의 교제가 알려지며, 2012년 2월 14일 밸런타인데이에 혼인 신고를 했다. 저자(아라하마)는 그 소식을 듣고 '앗, 고다 씨가!'라며 매우 놀란 사람 중 한 명이다.

"깜짝 놀랐나요? 제 친구 중에는 '인생에서 가장 놀란 사건'이라고 말하는 사람도 있었습니다."

고다 씨는 장난꾸러기처럼 웃었다. 까맣게 태운 피부는 변하지 않았지만, 어쩐지 이전보다 분위기가 점잖아진 느낌이다. 25년 전부터 고쿠쇼 씨의 열렬한 팬이었던 고다 씨는 '미

래에 반드시 고쿠쇼와 결혼한다'라고 계속 말하고 다녔다고
한다. 꿈을 실현하게 된 것이니 매우 얼마나 대단한가.

"허풍쟁이, 거짓말쟁이라며 깎아내리는 일도 있지만, 입으
로 내뱉지 않으면 어떠한 책임감도 생기지 않고, 현실이 되지
도 않습니다. 우선은 말로 하고, 행동해야 합니다."

고다 씨는 그렇게 말했다.

새롭게 시작한 디저트 전문점도 대성공!

고다 씨는 지금도 음식점을 중심으로 개인 벤처에 자기 자
본 투자 사업을 계속 시행하고 있다. 2011년, 동일본 대지진
이후로 지진 피해를 본 개인이나 중소 영세 기업을 위한 투자
도 시작했다고 한다. "예를 들어 도후쿠 지역에서 잘나가는 가
게를 경영하다가 지진으로 가게도, 직장도 잃게 되어, 그 노하
우를 살려 도쿄 등에서 가게를 내고 싶다고 말하는 사람에게
투자하고 있습니다. 이미 여러 음식점 외에 인테리어 업자에
게도 투자했습니다."

한편 고다 씨가 새롭게 시작한, 엄청나게 인기를 끌고 있는
비즈니스도 있다. 푸딩을 중심으로 하는 디저트 전문점, '돌체
도쿄DOLCE-TOKYO'다. 2007년 7월, 도쿄 다이칸야마에 1호점을
오픈하였으며, '푸딩 토스트', '촉촉한 구운 푸딩'이라는 시그니

처 메뉴가 호평을 받아 언론에도 빈번하게 등장하는 인기 가게가 되었다. 카페 스타일의 9개 점과 더불어 대형 백화점이나 지하철역 등에 총 12개 점을 출점하였다.

"이 가게는, 제가 디저트를 너무 좋아해서 거의 취미로 시작했다고 할 수 있습니다. 그런데 예상치 못하게 이렇게 커져서…."

아무렇지 않게 말하는 고다 씨. 그러나 디저트 전문점의 급성장에도 그만의 노하우가 숨겨져 있다.

'파티시에를 가게에 두지 않는' 이유

'돌체 도쿄'를 개업하면서 고다 씨는 우선 '가게에 파티시에를 두지 않기'로 결정했다. "디저트 전문점이 망하는 전형적인 이유는 '오너와 파티시에의 대립'이라고 합니다. 오너는 비용을 꼼꼼하게 따져가며 이익을 내려고 하지만, 파티시에는 그보다 일단 좋은 디저트를 만들려고 하지요. 그래서 대립하다가 결국 결별로 끝, 파티시에가 떠난 가게는 결국 끝이 보인다는 패턴입니다.

그래서 저는 파티시에를 가게에 두지 않으며, 상품도 푸딩에 집중하여 센트럴키친에서 제작합니다. 파티시에의 이름보다 상품이 먼저 떠오르는 가게로 만드는 것이지요. 그러면 파티시에가 없어 가게가 망하는 그런 일은 생기지 않을 것입니다. 또 어떤 지점에서도 맛이 균일하기 때문에 프랜차이즈를 전개하기도 쉽고 말이죠."

'표준화'에 의해 누군가가 빠져도 문제없이 비즈니스가 계속 돌아가도록 만든다. 이는 틀림없이 시스템 구축의 열쇠가 되는 사고 중 하나임에 틀림없다.

"그렇지요. 그런 시스템만 구축한다면 파티시에가 누구인지, 또 어떤 학교에서 교육을 받았는지 전부 무의미해집니다. 지금까지 수많은 음식점에 투자하고, 다양한 사람들의 실패 이야기를 들었기 때문에 배울 수 있었던 점이라고 생각합니다.

처음을 잊지 않고 '작게 시작하다'

고다 씨는 또 한 가지 고집이 있다. 바로 케이스 스터디에서도 역설한 것처럼 '작게 시작하는 것'이다. '돌체 도쿄'와 같은 카페 스타일의 매장은 대부분 도쿄 미나토구, 시부야구 등 도심에서도 최근 사람이 가장 많이 모이는 지역에 자리 잡고 있는데, 매장 크기는 모두 10평 이하다. 월세도 한 곳에 월 200~300만 원 정도다.

"월세가 2,000만 원인 매장 하나를 가지고 있는 것보다, 200만 원의 가게를 10개 가지는 편이 훨씬 위험을 분산시킬 수 있지 않을까요? 만일 하나가 잘못되더라도 나머지 9개 매장에서 채우면 되기 때문입니다. 인간은 갑자기 엄청나게 큰 매장을 시작하고 싶어 하지만, 그러면 일이 잘되지 않습니다. 투자를 요구하는 사람에게 '포장마차부터 시작할 수 있는 일인가?'를 묻는 이유도 마찬가지입니다. 요약하면 저의 방식은 맨 처음 빙수 포장마차를 시작할 때와 전혀 달라지지 않은 것이지요."

처음을 잊지 않고 자신의 비즈니스 철학에 충실한 것, 이는 고다 씨의 강점이라고도 말할 수 있다. 참고로 고다 씨가 언급하는 '지속적인 수입을 얻을 수 있는 비즈니스를 여러 개 만든다'라는 것도 시스템 구축의 중요한 점 중 하나임이 분명하다.

한 번도 불경기라고 생각한 적이 없다

롯폰기힐스에 거주하며 페라리 등 고급 승용차를 여러 대 소유한, 언뜻 보기에는 굉장히 화려한 사생활은 이전과 똑같다. 그리고 '하고 싶은 일만 한다'라는 자세도 전혀 흔들림이 없다. 최근에는 전시회에 대한 투자 비즈니스도 전개하면서 싱가포르나 홍콩, 마카오에 음식점 출점도 계획하는 등 고다 씨의 활동 범위는 그의 흥미가 이끄는 대로 점점 커지고 있다.

"이 세상은 불경기라고 말하지만, 저는 그렇게 생각한 적이

한 번도 없습니다. 오히려 인건비나 월세를 자제할 수 있기 때문에 그만큼 좋은 비즈니스 기회는 없지요. 모두 부정적인 시선으로 경기가 나쁘다는 생각에 빠져 있을 뿐입니다. 우선 자신의 머릿속에서 그런 생각을 떨쳐버리는 것이 중요합니다."

고다 씨의 이런 긍정적인 사고는 앞으로 새로운 시스템을 만들려는 사람에게 큰 도움이 될 것이다.

———

고다 씨는 '사람을 얻기' 위해서는 무엇보다 다른 사람에 대한 신뢰가 필요하다고 강조한다. 시스템 구축의 가장 첫걸음은 신뢰에서부터 시작한다는 것이다. 앞으로도 발리나 태국에서의 리조트 건설 등 고다 씨는 다양한 분야에서 비즈니스를 전개하기 위해 계획하고 있다. 그 가운데 그는 무엇보다 꾸준히 '행복한 부자'로 있기를 바란다. '행복한 부자'는, 고다 씨가 읽고 인상 깊게 읽었다는 《스무살에 만난 유대인 대부호의 가르침》이라는 책에 나오는 표현으로, 고다 씨는 '행복한 부자'를 '돈을 목적이 아닌, 수단으로 생각하는 사람', '즐겁게 돈을 사용하는 사람'이라고 정의한다.

시스템 구축
케이스 스터디

⑤ 발명

▶▶ '발명'이라고 하면 특수한 기술이나 전문 지식이 필요하고, 보통의 사람은 다가가기 매우 어려운 이미지가 있다. 하지만 실제로 반드시 그렇지는 않다.

▶▶ 예를 들어 세탁기를 이용할 때 나오는 보풀을 제거하는 '보풀 제거기', 지하철에 탑승할 때 편리한 환승을 위해 한눈에 이해할 수 있도록 만든 '지하철 환승지도' 등이 그렇다. 이들은 평범한 주부가, 그것이 없어 불편함을 겪었던 자기 경험을 바탕으로 발명한 물건이다. 이처럼 그야말로 번뜩이는 아이디어 한 방으로 지금까지 세상에 존재하지 않았던 새로운 물건이 탄생하는 사례도 많다.

▶▶ 물론 자기 아이디어로 만든 발명품이 히트 상품으로 이어지게 된다면, 그로 인해 발생하는 로열티 등으로 자동적이고 지속적인 수입을 얻을 수 있게 된다. 이는 훌륭한 시스템 중 하나다.

▶▶ 이번 챕터에서는 이러한 발명에 의한 시스템 구축에 성공한 사람의 사례를 살펴볼 것이다. 특히 미지의 물건을 탄생시키기 위한 발상의 방식이나, 그 방식을 형상화하고 비즈니스

화하기까지의 방법은, 비슷한 시스템 구축을 목표하는 사람들에게 큰 힌트를 줄 수 있을 것이다.

Case Study ⑩

번뜩이는 발명으로
자신과 파트너 모두
수억 원의 이익을 얻다

저는 최초의 아이디어만
제공했을 뿐, 땀 한 방울
흘리지 않았습니다.

이가라시 다카오

공중전화 속 카드 리더를 어떻게 관리할까?

'앗, 이것을 만들면 혹시 팔리지 않을까?'

누구나 한 번쯤은 그런 '물건'을 생각한 적이 있을 것이다. 하지만 실제로 더 깊게 검토하고 연구하지 않고, 어느새 기억의 저편으로… 가버리는 일이 대부분일 것이다. 그런 점에서 이가라시 다카오(五十嵐 隆雄) 씨는 다르다. 문득 떠오른 발명의 아이디어를 제품으로 만들어 확실히 비즈니스화했다. 그로 인해 본인은 전혀 움직이지 않아도 수입을 얻을 수 있는 시스템을 구축한 경험이 있다.

이가라시 씨는 30년 넘게 여러 기업에서 세제와 화장품 등에 사용하는 '계면활성제'의 응용 연구 개발에 종사한, 그 분야의 전문가 중의 전문가다. 지금은 화장품 기업이나 세제 제조 기업 등 여러 회사의 고문을 맡고 있다. 파스텔 톤의 카디건을 가볍게 걸친 지적인 분위기는, 50대라고는 도저히 생각할 수 없을 정도로 젊어 보인다. 대화할 때의 태도나 말투도 부드러우며 창의성이 넘치는 사람이라는 인상을 준다. 그런 이가라시 씨가 20년도 전에 발명한 물건은, 공중전화의 카드 투입구에 넣어 내부의 카드 리더를 청소하는 카드형 클리너다.

기본적인 구조는 플라스틱 카드에 세정용 약품을 묻혔을 뿐, 매우 간단하다. 언뜻 보면 아무것도 아닌 것처럼 보이지만 이는 폭발적인 히트를 기록한 상품이다. 공중전화 보급이 절정에 달했을 때는 카드형 클리너를 연간 1,000만 장 이상을 판매했다.

휴대전화가 보급되어 공중전화가 현저히 적어진 지금도, 오락실 기계의 카드 투입구 내부를 청소하는 등 새로운 용도로 사용되면서, 꾸준히 연간 80만~100만 장이 팔리고 있다. 누적 판매 수가 1억 장을 넘는다고 하니, 엄청난 기록이다.

상당할 것이라고 추측하는 수익 중 일부분은 카드형 클리너의 아이디어를 처음으로 낸 이가라시 씨의 것이다. 다시 말해 그에게는 아무것도 하지 않아도 수익이 계속 들어오고 있다.

"저에게 들어온 금액이요? 흐음, 지금까지 모두 수억 원 정도 되었을까요? 물론 전성기만큼은 아니지만 지금도 계속 들어오고 있습니다."

그는 여유로운 표정으로 미소를 지었다. 게다가 카드형 클리너에 대한 아이디어 자체는 반드시 이가라시 씨처럼 세제 등에 대한 전문 지식이 없어도 가능하다. 중요한 것은 '사물을 바라보는 시선'이다.

새로운 것이 등장할 때가 기회

연구자라는 직업의 특성상, 언제나 무언가 새로운 것을 만들 수 없을지를 고민한다는 이가라시 씨. 더불어 '모험심도 꽤 있는 편'인 그는 자기 아이디어를 비즈니스로 연결할 수 있다는 점을 일찌감치 염두에 두고 있었다. 평소의 이런 태도가 카드형 클리너의 발명으로 이어진 것이 틀림없다.

그런 이가라시 씨가 '눈여겨봐야 할 포인트'로 제일 강조하는 것은 **'새로운 것이 등장할 때가 기회'**라는 점이다. "그것에 대해 고민하는 사람이 아직 많지 않다는 의미이기 때문입니다."

카드형 클리너의 발명도, 무려 카드식 공중전화의 보급이 시작되었을 즈음 떠올렸다. 어느 날, 이가라시 씨는 역 앞에 길게 줄지어 있는 공중전화 가운데, 카드를 넣어도 작동하지 않는 공중전화 몇 대가 있다는 사실을 깨달았다. "확실히 내부가 더러워서 사용할 수 없다…. 그렇다면 기계를 해체하지 않고 내부를 깨끗하게 할 수 있는 방법은 없을까?"

이런 생각이 문득 스친 것이다. 보통 사람이라면 그런 생각을 해도, 그냥 방치해 두기 쉽다. 그러나 그는 달랐다. 바로 공중전화 카드를 구입하여 그 두께를 측정했다. 당시 한 잡지의 표지 두께와 같다는 점을 깨닫고, 잡지 표지를 공중전화 카드와 똑같은 크기로 잘랐다. 그것을 가지고 사람이 없는 근처 공중전화로 향했다. 그는 자른 종이에 약간의 알코올을 바른 후, 공중전화의 카드 투입구에 넣었다….

"물론 하면 안 되는 행동이지만, 이미 시효가 지났습니다(웃음). 알코올을 묻힌 종이를 넣었더니 예상한 대로 카드가 완전 까맣게 되어 나왔습니다(오늘날 일본의 공중전화는 공식 공중전화 카드 이외의 카드를 넣으면, 다시 나오지 않도록 개선되었다 - 저자 주).

예상한 대로 공중전화 내부가 꽤 더러웠는데, 그로 인해 동작이 불량인 공중전화도 많을 것이라고 추측했습니다. 이는 비즈니스가 될 수 있다는 직감에, 다음날 바로 실용신안을 신청하러 특허청으로 갔습니다."

동시에 이를 비즈니스화하기 위해서는 상품을 제작하여 생산량을 늘리고, 나아가 판매 경로를 확보해야 할 필요가 있었다.

그래서 우선, 이전부터 알던 포장 전문 기업의 대표에게 제조를 제안했다. 그 포장 전문 기업은 세제나 식품 등 상품에 무언가를 '충전'하고 '도포'하는 것과 관련된 높은 기술과 생산량 증대를 위한 설비를 갖추고 있었기 때문에, 손을 잡기에 안성맞춤이었다. 그는 카드에 바르는 약품의 배합을 담당했다. 그 일은 이가라시 씨에게는 식은 죽 먹기였다.

"공중전화 카드에 어떤 더러운 물질이 묻어 있을지, 공중전화 내부의 센서 부분에는 어떤 부품이 사용되고, 어떤 세제를 사용해야 그 부품을 훼손하지 않는지에 대해서는 오랜 기간의 경험으로 간단히 알 수 있었습니다. 약품의 배합은 제 머릿속에서 바로 완성되었지요."

그리고 카드 소재의 선정이나 약품의 도포도 포장 회사 대표의 경험을 살려 어려움 없이 완료했다. 테스트용 카드형 클리너는 그야말로 눈 깜짝할 사이에 완성되었다.

판매는 포장 전문 기업의 대표에게 소개받은 상사에 위탁하기로 결정했다. 그 상사를 통해 공중전화 관리 업체인 NTT에 팔면서 매우 긍정적인 반응을 얻었다. 공중전화 내부의 부품을 빌려 외부 검사 기관에 열화 시험을 위탁하고 그것이 완료되었을 때 채용되었다. 판매에 관해서는 이미 앞서 말한 대로다.

요약하면 이가라시 씨는 '핵심이 되는 아이디어를 제공하고', '카드에 바르는 약품의 배합을 결정'하기만 했다. 자신의 전문 분야가 아니라 제작이나 판매는 모두 다른 사람에게 맡기고, 전혀 관여하지 않았다. 그는 그렇게 20년 이상 꾸준하게 누계 수억 원의 수입으로 이어지게 되어 웃음이 멈추지 않는다고 말하곤 한다.

참치회의 맛있는 부위는 다른 사람에게 양보하다

그렇다면 이가라시 씨는 발명에 대한 대가를 얼마나 받기로 했을까? 일반적으로 '한 개 팔릴 때마다 몇 퍼센트'라는 로열티 계약을 떠올리겠지만, 그는 그렇게 하지 않았다. 대신 포장 회사와의 계약에서 '제품에 사용하는 약제의 원료는 반드시 이가라시 씨를 통해 공급한다'라는 조건을 넣어 체결하였다. 그 이유를 다음과 같이 말한다.

"판매 대비 몇 퍼센트라는 조건으로 계약할 때, 상대 회사의 회계 사정을 깊게 알지 않으면 진실을 파악하기는 힘들 것입니다. 그렇기 때문에 얼마나 팔렸는지를 확인하기도 매우 어렵지요. 그것이 원인이 되어 서로 불신하게 되거나, 오랜 관계가 무너지는 것은 피하고 싶었습니다.

그보다 핵심이 되는 원료의 공급을 제가 통제할 수 있는 시스템을 만든다면, 판매되는 만큼 상대 회사에도, 저에게도 확실하게 이익이 들어올 것이라고 생각했습니다."

그래도 포장 회사가 이가라시 씨가 아닌 다른 곳에서 몰래 원료를 구매할 위험성이 없다고는 단언할 수 없지 않을까? 그렇게 생각한 저자(아라하마)의 의문에 이가라시 씨는 이렇게 내납했나.

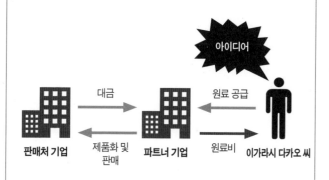

이가라시 다카오 씨의 시스템

아이디어

판매처 기업 → 대금 → 파트너 기업 ← 원료 공급 ← 이가라시 다카오 씨

판매처 기업 ← 제품화 및 판매 ← 파트너 기업 → 원료비 → 이가라시 다카오 씨

공중전화의 카드 투입구에 넣어 내부의 카드 리더를 세정하는 카드형 클리너를 고안했다. 이가라시 씨는 핵심이 되는 아이디어를 떠올리고 카드에 바르는 약제의 배합만 결정할 뿐, 제작이나 판매는 모두 다른 사람에게 위탁하는 프로세스를 구축했다. 제조 회사와 제품에 사용하는 약제의 원료는 반드시 이가라시 씨를 통해 공급한다는 계약을 체결하고, 20년 이상 누계 수십억 원에 이르는 이익을 얻고 있다.

"저는 원료 제조사와도 오랜 기간 알고 지내왔으며, 포장 회사도 저에게 원료를 매입하는 것이 다른 곳보다 더욱 저렴할 것입니다. 애초에 그런 행동을 하는, 신용할 수 없는 사람과는 사업을 하고 있지 않으니까요."

카드형 클리너로 이가라시 씨가 받은 수익보다 생산 중간 과정의 포장 회사나 상사가 얻은 이익이 훨씬 더 클지도 모른다. 그러나 그는 '그것은 그것대로 괜찮다'라며 전혀 개의치 않았다.

"참치가 한 마리 있다면 머리끝부터 꼬리까지 전부 혼자서 먹으려고 하지 않고, **맛있는 부위는 다른 사람에게 양보합니다. 그렇지 않으면 상대는 움직이지 않을 것입니다.** 대체로 저는 최초의 아이디어만 제공했을 뿐, 땀 한 방울 흘리지 않았기 때문에 이 정도의 수익을 얻을 수 있으면 충분합니다. 게다가 저는 하나의 일을 할 때, 가능한 수고가 들지 않도록 만든 후 잊어버리려고 합니다. 그보다 또 다른 것, 더 새로운 것에 대한 생각이 훨씬 더 즐겁지 않나요?"

그는 실용신안을 신청했지만 취득하지는 못했다. 이는 어디까지나 '실용신안 신청 중'이라는 의미인데, 다른 사람에게 넘어가지 않고 비즈니스화하기 전까지 유예 기간을 확보하는 것이 목적이다. 사실 유예 기간 동안 NTT에 넘어가면서 비즈니스로서 이루어졌기 때문에, 굳이 실용신안을 취득할 필요성을 느끼지 못했다. 특허를 신청하지 않은 이유도 수속이 복잡하고 특허의 이점을 느낄 수 없었기 때문이다.

"특허나 실용신안을 많이 가지고 있는 것은 아이들이 카드를 수집하는 것과 다르지 않습니다. 사업화하지 않으면 전혀 의미가 없습니다. 상품화의 실현에 주력하는 것이 옳다고 생각합니다."

(여기에서 기술하는 특허나 실용신안에 대한 의견은 어디까지나 이가라시 씨의 개인적인 견해다. 실제로 특허나 실용신안에 대한 취득의 필요성은 독자 여러분이 각자 판단해야 할 부분이다. - 저자 주)

'신기함을 신기함으로 생각하지 않는 것'이 더 신기하다

사실 이가라시 씨는 카드형 클리너를 발명하기 훨씬 전에도 같은 포장 회사의 대표와 함께 '소금 유행'을 일으킨 경험이 있다. 어렸을 적, 감기 기운이 있으면 부모님이 소금을 등에 발라준 경험에서 힌트를 얻어, 식용 소금이 아닌 미용이나 건강을 위해 사용할 수 있는 소금을 떠올렸다.

시범 삼아 소금에 칼슘 등을 배합하여 판매하였는데, 특별히 포장에서 효능 등을 강조하지도 않았는데도 여성들 사이에서 미백이나 주름살 제거에 효과가 있다는 평가를 받아 선풍적인 인기를 끌었다. 1kg 봉지에 1만8,000원으로, 당시 식용 소금의 20배라는 높은 가격에도 불구하고 최고 전성기에는 매일 1만 개 정도가 판매되었다고 한다.

이때도 이가라시 씨는 원료를 제공하는 형태로 이익을 얻었다. (참고로 당시 일본은 소금이 전매제였기 때문에 수입한 천일염을 가공하여, 재생 가공 염인 '특수용 소금'으로 판매할 수 있었다. - 저자 주)

그 밖에도 국제선 비행기에서 제공된 그림이 그려진 과자를 보고, 김의 표면에 그림이나 글자를 넣는 것을 떠올리거나 (이는 유감스럽게도 한 유명 라멘 가게가 한발 앞서 특허를 취득했다), 김을 와플 같은 모양으로 만들어 새로운 식감의 음식을 고안하거나, 또 오른쪽과 왼쪽 브래지어의 사이즈나 색을 한쪽씩 다르게 제작하는 것을 속옷 브랜드에 제안하는 등 이가라시 씨의 아이디어는 끝도 없이 펼쳐졌다.

"새로운 것이 등장할 때가 기회라고 말했는데, 또 한 가지, **'이전부터 존재하던 물건의 형태나 용도를 변형해 보는 것'**도 흥미롭습니다. 그 전형적인 사례가 바로 소금이나 김, 브래지어입니다. 또 옛날부터 전해지는 '할머니의 지혜'는 시대를 뛰어넘어 지금까지 통용되는 만큼 유용한 것들이 많습니다. 그것을 어디에 응용할 수 있을지 고민하는 것도 좋은 방법입니다."

이러한 아이디어를 얻기 위해 이가라시 씨는 **'모든 것에 호**

기심을 가지는 자세'가 가장 중요하다고 강조한다. "왜냐하면 세상에는 신기한 것들이 엄청나게 넘쳐나고 있지 않은가요? 그것을 신기하다고 생각하지 않는 것이 저는 매우 신기합니다.

어쨌든 '이유가 무엇일까', '어째서 그럴까'라고 항상 생각한다면, 사고 회로가 만들어져 어느 순간 아이디어가 떠오를 것입니다. 생각하는 것은 돈도 들지 않고, 도구도 필요하지 않으며 언제 어디서나 가능합니다. 생각을 하는 사람과 하지 않는 사람은 경쟁이 될 수 없습니다."

진심으로 재미있어 해야 참신한 아이디어를 떠올릴 수 있다

이가라시 씨는 자타가 공인하는 미식가다. 그동안 발명을 통해 얻은 이익의 꽤 많은 부분을 맛있는 음식을 먹으러 다니는 데 소비한다고 한다. "문득 생각나면 교토까지 맛있는 음식을 먹으러 가기도 합니다. 프랑스 등 해외로도 나갑니다. 뭐, 저에 대한 보상이라고 할 수 있지요."

심지어 미술품 애호가이기도 한 그는 앤디 워홀 등 몇 점의 팝아트를 소유하는 등 골동품 수집에도 진심이다. 이와 같은 몰입이 다시 창의적인 아이디어로 이어지는 것일지도 모른다. 그런 이가라시 씨는 요즘 그 어느 때보다도 '요리에 진심'이라고 한다.

"언젠가는 완전 새로운 요리와 조미료를 만들어내고 싶습니다. 요리는 어떤 의미에서 화학 반응이라고 할 수 있지요. 화학과 아이디어는 공통점이 많습니다. 그러니 깜짝 놀랄 만한 조합을 발견할 수 있지 않을까요?"

그렇게 말하는 그의 표정은 정말로 즐거워 보였다. 진심으로 재미있다고 생각하기 때문에 참신한 아이디어가 떠오른다. 발명뿐만 아니라, 넓은 의미에서 시스템 구축과도 공통적인 부분이 있는 것은 아닐까?

이가라시 다카오 씨에게 배우는 시스템 구축의 비결

① '새롭게 등장한 것', '예전부터 변하지 않고 존재하는 것'에 주목한다.

② 모든 것에 호기심을 갖고, 항상 '왜 그럴까'를 생각한다. 나아가 의문을 그대로 두지 않고 해결 방법을 고민한다.

③ 아이디어가 떠오르면 그를 비즈니스화하는 방법을 최우선으로 고민한다.

시스템 데이터 파일 10　　　　　　이가라시 다카오(Igarashi Takao)

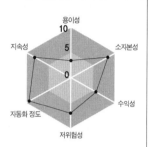

▶ 레이팅(Rating)

발명한 물건이 이 세상에서 필요하다고 여겨지는 동안에는 아무것도 하지 않아도 지속적으로 수입을 얻을 수 있다. 전문분야 이외의 일들은 다른 사람에게 위탁함으로써 비즈니스화하기까지의 시간과 노력을 대폭 줄일 수 있다. 본문 중에 나오는 이가라시 씨의 말처럼 '생각하는 것은 돈이 들지 않으며' 테스트 등에 거액의 자금이 필요한 것이 아니라면 리스크도 적다. 무엇보다 어떤 방법으로, 지금까지 세상에 존재하지 않으며 잠재적인 니즈가 높은 물건을 만들어낼 수 있을지가 가장 중요하다. 그의 말을 참고로, 매일 발상하는 힘을 갈고닦기 위해 노력해야 한다.

▶ 시스템(System)

발명에 의한 시스템

▶ 카테고리(Category)

발명

▶ 만든 이(Maker)

이가라시 다카오

▶ 프로필(Profile)

1953년 출생. 대학에서 화학을 전공했고, 졸업 후 화학과 관련된 여러 기업에서 주로 세제나 화장품의 원료가 되는 계면활성제의 응용 연구에 종사했다. 그와 동시에 독자적인 아이디어를 바탕으로 새로운 것을 만들어내고 비즈니스화하는 활동도 추진하며 다수의 실적을 올리고 있다. 현재는 여러 화장품 회사나 세제 제조사의 고문을 맡고 있다.

271

"문득 떠올랐어요, 더 대단한 물건이."

"아라하마 씨와 다카하시 씨의 책(물론 이 책의 초판을 의미한다)을 읽고, 가슴 속에서 끓어오르는 무언가를 느꼈습니다. 저도 '이대로 끝나면 시시하다', '또 다른 한 방을 할 수 있지 않을까'라고 말이지요."

오랜만에 재회한 이가라시 다카오 씨는 그렇게 천천히 말을 꺼냈다. 지난번 취재 때와 변함없이 깔끔하고 세련된 분위기. 거의 60세에 가까운 나이일 텐데, 조금도 그렇게 느껴지지 않는다. 그는 커피를 한 모금 마시며 이야기를 이어갔다.

"그런데 고민하다가 또 문득 떠올랐어요, 더 대단한 물건이."

역시 이가라시 씨. 다시 독자적인 발명을 하고, 그를 통해 오랜 기간에 걸쳐 큰 수익을 지속해서 벌어들이고 있었다.

아무렇지 않게 대화 속에서 새로운 발명의 아이디어를 얻다

그의 새로운 발명품은 욕조나 부엌 배수구를 덮는 '배수 중

발 방지제'다. 지금부터 발명에 이르기까지의 과정을 함께 살펴보자. 앞서 말한 것처럼 새로운 발명의 소재에 대해 고민하던 그는 2007년 어느 여름날, 고문을 맡고 있는 회사의 동료에게 다음과 같은 이야기를 들었다.

"임대 주택 등의 배수관에 정기적으로 물을 흘려주러 가는 아르바이트가 있다고 해요. 아니, 임대 주택이 오랫동안 공실이면 배수관에서 이상한 냄새가 나거나, 작은 벌레가 들끓잖아요? 원인은 아무도 물을 오래 사용하지 않아 배수관 안의 물이 증발해 버렸기 때문입니다. 악취가 나는 방은 아무도 빌리지 않을 테고, 그렇다고 비닐 등으로 감싸 배수구를 덮었다가 집을 보러온 사람이 실수로 수도꼭지를 돌려버리면 입주 전에 수도 배관을 열었을 때, 물이 넘쳐 방이 침수되는 일도 있데요. 그래서 일부러 아르바이트를 고용해 한 달에 몇 번씩 물을 흘린다고 해요."

아무렇지 않게 듣고 있었지만, 이가라시 씨의 머릿속에는 전류가 흘렀다. 여러분도 잘 알고 있듯이 그는 세제 등 화약 분야의 전문가 중 전문가다. 노하우를 활용해야 이 문제를 해결할 수 있지 않을까…?

"요약하면 배수관 안의 물이 증발하지 않도록 하면 되죠? 기름과 물을 섞어 유화시킨 물질을 투입하고 일정 시간 후 분

리되도록 한다면, 기름에 생긴 막으로 물을 덮어 증발을 방지할 수 있습니다. 예전에 입욕 시에 섞어 사용하는 입욕제를 두 개 층으로 분리하여 개발한 경험이 있어 바로 떠올랐습니다."

그는 기회를 놓치지 않고 특허를 신청하기 위해 변리사에게 상담하였다. 아이디어를 떠올린 이가라시 씨조차 '이런 간단한 것에 특허성이 있을지' 반신반의했다고 하는데, 변리사는 '설비도, 투자도 필요 없고 초보자에게 설명해도 바로 메커니즘을 이해할 수 있는, 대단한 발명이다'라고 극찬했다고 한다. 그에 힘입어 2007년 11월, 특허를 제출했다.

특허 제출이 마무리되자, 공중전화의 카드형 클리너와 완전 같은 방법으로, 일면식이 있던 화학제품 공장에 제조를 의뢰했다. 그리고 오랜 기간 알고 있던 상사와 제약 회사에 위탁하여 부동산 관리 회사 등에 팔기 시작했다. 이때 제품에 사용한 원재료는 반드시 이가라시 씨를 통해 공급한다는 계약을 맺고, 자동적이고 지속해서 수업을 얻을 수 있는 시스템을 구축한 것도 카드형 클리너와 완전히 동일하다.

"역시 다들 그동안 어려움이 많았던 거예요. 물을 흘려보내기 위해 아르바이트를 여러 번 보내는 것보다, 제가 발명한 배수 증발 방지제를 투입하는 것이 압도적으로 비용을 줄일 수 있기 때문에 바로 반응이 있었습니다. 연 초에 대기업 부동산 관리 회사와 계약을 맺었습니다."

연이은 채용 결정, 연간 수천만 엔의 수입으로!

하지만 특허가 성립하기까지는 2년이라는 시간이 소요됐다. 이가라시 씨의 움직임을 보고, 그사이 유사한 제품을 판매하는 회사가 무려 20개 정도 등장했다.

"그래서 저는 오히려 상상 이상으로 큰 시장이 될 것이라고 확신했습니다. 출제하고 1년 반 후, 특허가 공개되어 그들에게 경고문을 보내자 대부분의 회사가 판매를 중지하였습니다. 2009년 10월, 특허가 성립하는 단계에서 진지하게 이야기를 나눈 한 회사와 계약을 맺고 저의 제품을 판매하기로 결정하였습니다. 경쟁하고 적을 만드는 것은 아무런 이득이 되지 않습니다. 지금은 가장 좋은 비즈니스 파트너입니다."

이후에도 순조롭게 고객을 확보해 나갔으며, 지금은 많은 부동산 관리 대기업이 이가라 씨가 발명한 배수 증발 방지제를 사용하고 있다. 이가라시 씨에게 연간 수억 원의 수입이 계속 들어온다는 말을 듣고 매우 놀랐다.

"일본 임대 주택의 공실은 400만 실 이상이라고 합니다. 그것을 생각하면 아직도 멀었지요."

그는 그렇게 말하며 웃었다.

이제는 후배 육성에 주력

새로운 시스템을 손에 넣은 이가라시 씨의 생활은 우아함 그 자체다. 맛있는 음식을 먹으러 이곳저곳을 다니는 것은 이전과 같다. 최근에는 딸이 살고 있는 발리에 300평 정도의 집을 짓고, 1년에 4~5회 정도는 그곳에서 느긋하게 보낸다. "뭐, 2~3주 있으면 싫증이 나긴 하지만요(웃음). 고문 업무도 인터넷만 있으면 대부분 할 수 있습니다."

이렇게 말하는 그는 매우 여유로웠다. 발리 현지에서는 비누를 만드는 일본인을 지도하고 있다고 한다.

"예를 들어 비누를 만들기 위해, 기존에는 2~3시간이나 직접 수작업으로 섞었지만, 이제는 '어떤 물질'을 넣어 1분 만에 완성할 수 있습니다. '비누뿐만 아니라 여러 가지 화장품을 개발하면 어떤지' 조언하며 기본적인 배합 방법을 알려주었는데, 지금 그것이 엄청난 인기를 끌고 있지요."

이 이야기에서도 알 수 있듯, 앞으로 이가라시 씨는 후배 기술자의 양성에 주력하려고 한다. "설비나 자본 없이도 아이디어만 있으면 새로운 것을 만들어내고, 큰 보상을 얻을 수 있다는 말을 전하고 싶습니다. 저는 은사님이나 선배로부터 여러 가지를 배웠기 때문에 오늘이 있는 것입니다. 이제는 은혜를 갚는다는 의미에서 베풀기를 아까워하지 않고, 가지고 있는 기술을 전부 알려주려고 합니다."

　소년처럼 눈을 반짝이며 말하는 이가라시 씨. 활동에 대한 불타는 의욕은 아직도 멈출 기미가 보이지 않는다.

쳇바퀴 경쟁에서
빠져나오기 위한
시스템
구축 강좌

▶▶〈챕터 7〉에서는 시스템을 찾는 여행의 끝을 맺으며 모든 취재 메모를 다시 보고, 저자들이 취재하면서 받은 인상이나, 취재 대상을 보고 배워야 할 습관 등 시스템을 구축하는 데 도움이 된다고 생각하는 요소를 철저하게 밝히고, 그 결과를 정리하였다.

▶▶그러자 아니나 다를까, 시스템 구축의 선행자와 아직 시스템을 만들지 않은 사람의 결정적 차이가 확실하게 드러났다. 독자 여러분은 한시라도 빨리 이 챕터를 모두 읽고 시스템 구축을 향해 '첫 한 걸음'을 내딛기를 바란다.

행동, 행동, 즉각 행동

시스템 소유자의 사례를 읽으며 시스템 구축의 흐름과 비결은 대부분 파악했을 것이다. 그러나 '어서 빨리 시스템을 구축하자!'라며 한 걸음 앞으로 나아가고 싶지만, 대부분의 사람은 여기에서 주저한다.

그들은 '그것이 정말 성공할 것인가', '지금은 업무가 바쁘니 나중에 행동하자' 등을 말만 하고 판단을 미루는 것이다. 그렇기 때문에 아무리 시간이 지나도 시작할 수가 없다. 그런 점에서 저자는 이번에 취재한 시스템 구축의 선행자와 아직 구축하지 않은 사람과의 결정적인 차이를 몸소 느꼈다.

선행자들은 대체로 모두 행동력이 있다. 아니, 있다는 수준이 아니라 이상할 정도로 행동이 매우 빠르다. 인터넷 비즈니스의 이시이 씨의 사례를 다시 보자. 처음에는 자신이 직접 제작한 CD를 판매했으며, 다음은 '대화 미인 양성 강좌'를 개설하는 등 마치 '생각나면 바로 실행'하는 행동력을 가지고 있다. 무모함은 인지하고 있으나 그들은 불가능하다고 포기하는 것이 아니라, 일단 시도한다. **그 한 걸음을 내딛는 마음가짐이 돌아가는 것처럼 보이지만 사실 성공에 더욱 가까워지는 길인 것이다.**

인터넷 비즈니스의 곤도 씨에게서도 비슷한 경향을 볼 수 있다. 그는 주차장 인터넷 예약 비즈니스에서 세무사·공인회계사의 포털 사이트까지 기획이 매우 빠르다. 일단 한 번 아이디어가 떠오르면 그 순간부터 행동하고 싶어서 몸이 근질근질하다. 그들에게는 항상 그런 심리가 작용하는 것 같다. 후지야마 씨도 마찬가지다. 하나의 이야기가 좌절되면, 또 다음 비즈니스로 바꾸어 즉각 행동한다.

행동력은 사소한 부분에서도 두드러진다. 예를 들어 정보 기업의 무로가 씨는 취재 중, "책의 공동 저자인 간노 씨와 사실 서먹한 사이가 아닌가요?"라는 질문에 "그런 말을 자주 들습니다"라며 바로 웃으며 부정했다. 그러나 취재 후에 받은 무로가 씨의 메일 뉴스레터의 제목은 '정보 기업가 무로가와 간노는 정말로 사이가 좋지 않을까?'였다. 메일 본문에는 두 사람의 관계에 대해서 전혀 다루지 않았으며, 오히려 간노 씨와 공동 제작한 음성 파일의 홍보로 가득했는데, 둘의 관계에 대한 소재가 쉽게 기억할 수 있어 타이틀로 사용하기 좋다고 생각한 듯하다. 번뜩이는 아이디어가 떠오르면 확실하게 행동으로 옮긴다. 그런 그들의 바른 행동력에 다시 감탄하였다.

작게, 주말 기업으로 시작하다

'속도가 생명'이라는 사실을 너무 잘 알지만, 많은 사람들이 행동을 주저하는 이유는 매우 다양하다. 집약하면 '시간이 없다'라는 것이 가장 결정적인 이유가 될 수 있다. 만약 그것이 문제라면 시간을 투자해야만 한다. '작게 시작'하라는 의미다. 미래의 엄청난 수입을 꿈꾸고 있는데 갑자기 이야기의 규모가 작아져 흥이 깨질지도 모르지만, 여기에서 '작게'는 매우 중요한 포인트다.

인터넷 비즈니스의 곤도 씨의 사례를 살펴보자. 곤도 씨는 직장인 시절, 주차장 인터넷 예약 비즈니스를 시작했다. 물론 회사를 그만두고 본격적으로 시작하는 선택지도 있었지만, 일부러 그는 직장 생활과 병행했다. 평일 밤과 주말을 효율적으로 사용하고, 작게, 서서히 그 범위를 넓혀 나갔다. 많은 제약 속에서도 '본인은 움직이지 않아도 돌아가는 비즈니스 = 시스템'이라는 아이디어에 도달하여 현재의 성공을 손에 넣을 수 있었다.

만약 눈을 딱 감고 직장 생활에서 벗어나 시스템에 모든 것을 걸었다면 어떻게 되었을까? 당연한 말이지만, 시스템이 실패하면 더 이상 생활을 이어 나가기 어렵다. 가족의 기둥인 곤도 씨에게 그런 상황은 너무나도 위험성이 크다. 오히려 또 하나의 일(회사 근무)로 월급을 받고 있다면 실패해도 다시 돌아갈 수 있다. 그런 안도감이 과감한 행동으로도 이어진다.

마찬가지로 인터넷 비즈니스의 오쿠야마 씨는 여전히 직장에 다니고 있다. 곤도 씨처럼 시간적 제약이 있는 상황에서 시스템을 만들어 낸 것이다. 문자 그대로 마치 하나씩 블록을 쌓아 올리는 것과 같이 자동적인 수입으로 이어진다. **이렇게 부업으로 주말 시간 등을 이용하여 창업하는 형식을 '주말 기업'이라고 한다.**

주말 기업의 제창자이자, 베스트셀러 《주말 기업》의 저자, '주말 기업 포럼'을 탄생시킨 후지이 고이치 씨는, 잡지 인터뷰에서 주말 기업을 성공시키기 위해서는 **'본인이 움직이지 않**

아도 돈을 버는 시스템을 만드는 것이 포인트'라고 이야기했다. 역설적으로 말하면 계속 직장에 다니는 상태에서 작게 시작하는 것이 시스템을 쉽게 구축할 수 있다는 뜻이기도 하다. 실패할 가능성이 있다는 의미에서 자금도 최소한으로 투자하고 싶으며, 만일 넘어진다고 하더라도 크게 상처를 입지 않을 정도가 가장 좋다. 곤도 씨도, 오쿠야마 씨도 꼭 필요한 경비 외에는 대부분 돈을 들이지 않는다. 이 또한 포인트라고 말할 수 있다.

'주말 기업'이란 무엇인가?

그렇다면 시스템을 구축하기 위해 꼭 짚고 넘어가야 하는 콘셉트, '주말 기업'을 다시 한번 정리해 보자. 모리 씨의 케이스 스터디에서도 소개한 것처럼 주말 기업은 직장을 계속 다니면서 주말 등 빈 시간을 활용해 소자본으로 창업하는 새로운 콘셉트의 기업이다. 앞에서 다룬 것처럼 《주말 기업》의 저자이자 모리 씨와 뜻을 같이하는 후지이 씨가 주말 기업을 처음 언급했다.

주말 기업을 지원하는 단체 '주말 기업 포럼'은 2002년에 설립한 이후, 현재 회원 수 2,000명을 넘었으며, 창업 희망자를 지원하는 가장 큰 조직으로 거듭나고 있다. 회원들은 모임 등

을 통해 교류를 계획하거나 정보를 교환한다. '주말 기업 포럼'
이 주최하는 세미나에서는 후지이 씨나 모리 씨가 강단에서
서서 주말 기업에 관해 설명한다.

하나부터 열까지 방법을 알고 싶거나, 누군가의 성공 사례
를 듣고 싶거나, 주말 기업에 도전하는 직장인과 교류하고 싶
은 사람은 이 포럼의 홈페이지(http://www.shumatsu.net/)를 참
고하는 것도 좋고, 상황에 따라서는 입회도 추천한다. 이 포
럼의 회원은 모리 씨가 리더로 있는 컨설팅팀에게 무료 이메
일 컨설팅을 받거나, 회보지 구독, 주말 기업의 노하우 열람,
특별 가격으로 세미나나 교류회 참가 등의 혜택이 주어진다.
2006년부터는 '주말 기업 대상'을 개최하여 매년 수상자를 발
표한다. 뛰어난 실적을 올리고 있는 주말 기업가를 표창하고
장려하며 지원하는 동시에 화제성과 지명도 향상에 힘쓰고
있다. 앞으로도 이러한 활동에 따라 범위가 확대되고 향상되
기가 기대된다.

온라인 비즈니스에서 오프라인 비즈니스로

인터넷 비즈니스에서 어느 정도 성공을 거두어 자본을 마
련하면, 방향성을 바꾸어 현실 세계에서의 시스템 구축을 고
려하는 것도 좋다. 하나는 부동산 비즈니스다. 《부자 아빠 가

난한 아빠》의 로버트 기요사키도, 《소득의 다양한 흐름》의 로버트 앨런도, 핵심적인 수입원으로 부동산 비즈니스를 추천하고 있다. 이 책에서는 후지야마 씨가 말하는 '임대업' 부분에 해당한다.

실제로 도미타 씨는 주차장에 투자하여 매월 법인으로부터 정기적인 수입을 얻고 있다. 이처럼 전혀 다른 비즈니스에 발을 들여 여러 개의 수입원을 확보하는 것은 리스크 분산의 측면에서도 매우 유효하다. 더불어 고다 씨와 같이 개인을 대상으로 하는 벤처 투자도 선택지가 될 수 있다. 이것이야말로 오쿠야마 씨가 운영하는 〈비즈니스 파트너를 찾자! 업룸〉에서 유망한 투자처를 찾는 것이 하나의 방법일지도 모른다. 하지만 사업에 투자하기 위해서는 꼼꼼한 검토가 필요하다.

목표 작업량 '제로(0)'를 달성하기 위해 필요한 것

'시스템'의 궁극적인 모습은 자신이 일할 기회를 '제로(0)'에 한없이 가깝게 만드는 것이다. 그를 위해서는 어떻게 해야 할까? 대답은 매우 간단하다. 다른 누군가에게 맡기면 된다.

인터넷 비즈니스나 정보 기업에서 꼭 필요한 '신용카드 결제' 등은 아예 다른 사람에게 위탁하는 대표적인 수단이다. 또한 정보 기업은, 포털 사이트에서 등록하면 자신의 사이트에 간단하게 결제 기능을 추가할 수 있다.

특히 정보 기업은 다운로드 판매라는 형태를 취하는 일이 많기 때문에 신용카드 결제에 대한 ASP Application Service Provider (응용프로그램 임대 서비스)의 활용은 필수라고 할 수 있다.

비즈니스가 어느 정도 궤도에 오르면 자신의 작업을 조금씩 줄여나간다. 웹사이트 리뉴얼이나 **신규 비즈니스를 위한 웹사이트 개설은 대행업자에게 의뢰**하는 것도 하나의 방법이다.

인터넷에 검색해 보면 서비스를 제공하는 ASP는 엄청 많이 나온다. 처음에는 최대한 가격이 저렴한 곳을 선택하는 것이 좋다. 아니면 곤도 씨처럼 본격적으로 업자에게 부탁하는 것이 아니라, 형제 등 가까운 지인에게 부탁하는 선택지도 있다. **어쨌든 자신의 '손을 떼는 것'이 포인트다.**

비즈니스가 커지면 사람을 채용하거나 외부 파트너를 영입하는 선택지도 떠오른다. **자신은 비즈니스의 신규 개발이나 의사결정 등에만 관여하고, 일상적인 업무는 다른 사람에게 맡기는 것이다.**

앞에서 다룬 비즈니스 오너의 다부치 씨가 그 전형적인 사례라고 할 수 있다. 사무 작업을 위해 주부를 파트 타임으로 고용하는 것이다. 인터넷 비즈니스의 이시이 씨도 다른 사람에게 경영을 맡기는 회사가 4개나 있다. 임대업의 후지야마 씨는 입주자 관리를 모두 아내에게 위탁한다. 모리 씨의 경우, 본인은 메일 뉴스레터의 작성에 전념하기 위해 광고 모집은 광고 대리점에 의뢰하고 사무 작업은 직원에게 맡긴다.

한편 여기에서 '누군가'는 시스템이어도 좋다. 오쿠야마 씨는 메일을 자동으로 발송하는 시스템을 도입하여 본인이 들여야 하는 수고를 덜어냈다. 도미타 씨는 메일에 자동 회신 기능을 도입하여, 마치 한 사람 한 사람에게 정중하게 대응하는 것처럼 다수의 메일을 발송하고 있다. **ASP나 직원 채용 등은 다소 비용이 증가하지만, 시스템을 구축하기 위해서는 무엇보다 '본인이 없어도 돌아가는 시스템'을 만드는 것이 중요**하다.

지속성을 위하여

'지속성'도 시스템을 구축하는 데 열쇠가 되는 요소다. 반영구적으로 돈을 계속 만들어내는 시스템, 그것이 바로 궁극적인 모습이다. 비즈니스 오너인 다부치 씨도 오랜 고민 끝에 지속성을 중시한 수입의 시스템을 구축했다. 번역 회사에 주문이 들어올 때마다 수수료가 발생하면서, 다부치 씨의 호주머니를 지속해서 가득 채워준다. 그 회사가 없어지지 않는 한, 평안하고 무탈한 시스템이라고 할 수 있다.

발명의 이가라시 씨도 훌륭한 시스템을 그려냈다. 수수료의 형태가 아닌, 상품 생산에 필요한 원료를 모두 본인에게 매입하게 하는 독점 계약을 맺은 것이다. 상품이 폭발적인 인기를 끌면서 원료 공급도 끊이지 않았다. 단순한 틀에 얽매이지 않은, 재치 있는 시스템은 매년 그에게 돈을 가져다주고 있다.

임대업을 하는 후지야마 씨에게도 계속 월세 수입이 들어온다. 투기와 같이 바로 매도하고 매수하는 것은 수익을 한 번밖에 올릴 수 없다. 그러나 부동산은 계속 가지고 있으면 가늘고 길게 이익을 만들어낼 수 있다.

개인을 대상으로 하는 벤처 투자의 고다 씨도 음식점 등의 사업에 투자하고, 컨설팅 비용으로 이익에 따른 분배금을 받는다. 사업이 계속되는 한 분배금도 계속되는, 완전 영속적인 시스템이다. 모든 사례에서는 말할 수 있는 것은 바로 '장기적인 시점'이다. 그러한 시점을 빼놓고는 시스템 구축에 대해 절대 얘기할 수 없다.

오늘의 고급 자동차보다 내일의 시스템

'시스템'의 수는 많으면 많을수록 좋다. 하나 혹은 둘로 만족하지 말고 **시스템의 확대와 재생산을 위해 노력했으면 한다.** 많이 벌어들인 돈으로 고급 자동차를 구입하는 것도 좋다. 하지만 시스템 구축에 투자하여 더욱더 막대한 수입을 만들어

내는 시스템을 구축하길 바란다. 임대업을 하는 후지야마 씨는 이렇게 말한다.

"고급 자동차를 살 수 있는 재력이 있는데 어째서 집을 매입하지 않는지 궁금합니다. 6,000~8,000만 원 정도 하는 고급 자동차는 5년이 지나면 800만 원으로 가치가 떨어질 수 있습니다. 하지만 부동산은 5년 동안 월세 수입으로 투자금의 절반은 회수할 수 있습니다. 만약 고급 자동차를 타고 싶다면 렌트하여 월 2회 정도 타면 되지 않을까요? 그러면 벤츠도 탈 수 있습니다."

소비보다 투자를 강조하는 것이다. 하나를 만들면 그것을 참고하여 다른 분야에서도 차례차례 전개하길 바란다. 곤도 씨나 오쿠야마 씨, 이시이 씨는 그를 실천하고 있다. 도미타 씨도 세계를 상대로 시스템의 생산 공장을 전력으로 가동시켜 계속해서 새로운 비즈니스를 만들어낸다. 인터넷 비즈니스에 멈추지 않고, 주차장 사업과 자판기 사업에 착수하였으며, 언젠가는 옥상에 광고를 내고, 태양력 발전으로 얻은 전력을 전력 회사에 판매하는 등 아이디어도 갖고 있다. 이는 모두 그냥 내버려두면 저절로 수입이 발생하는 시스템이다. 취재하면서 그들이 모두 비장함이나 초조함과는 전혀 관계가 없다는 점이 신기하게 느껴졌다.

이 책에서 다루는 10명 모두 의무적인 것도, 일방적인 것도 아닌, 정말 본인이 '하고 싶어서' 하고 있었다. 그들은 모두 '자기가 책임지는 자세'를 가지고 있었다. **본인의 판단으로 시스템을 전개하고 있는 상황을 진심으로 즐기는 듯했다. 그렇다, 결국 시스템은 즐거운 것이다.**

새롭게 태어난 시스템은 무럭무럭 성장하여 큰 열매를 맺는다. 큰 나무가 되어 수풀이 되고 숲을 이룬다. 《소득의 다양한 흐름》의 저자 로버트 앨런의 말처럼, '여러 개의 수입원'이 완성되는 것이다.

연속적인 아이디어 - 언제나 머릿속은 비즈니스로 가득하다

그렇다면 이런 행동력은 물론이고 그들은 어째서 시스템을 떠올린 것일까? 게다가 계속해서 시스템이 확대되고 재생산할 수 있는 이유는 무엇일까? **이는 사실 매우 단순한 이야기다. 그들은 언제나 시스템 구축을 생각하고 있기 때문이다.** 인터넷 비즈니스의 도미타 씨를 취재하다가 이와 관련된 어떤 모습을 그에게서 발견했다. 기획서를 주제로 이야기를 나눌 때의 일이다. 도미타 씨가 갑자기 머리를 굴리면서 비즈니스 아이디어를 내기 시작한 것이다.

"앞으로도 일본에 진출하려는 외국 자본계 기업은 매우 많을 것입니다. 그렇다면 그런 기업이 다루는 기획서나 비즈니스 문서에 일본어의 오류는 없는지 확인하는 비즈니스는 어떨까요? 그들을 중개하는 사이트를 개설하면 저는 움직이지 않아도 일은 돌아갈 것입니다. 실제로 일본인이 작성한 영문법을 검토하고 확인을 의뢰하는 서비스는 있습니다. 그 반대도 괜찮을 것 같네요."

또한 저자(아라하마)가 인도에서 근무했던 경험이 있다고 말하니, 바로 다음과 같은 아이디어를 떠올렸다.

"그것은 매우 소중한 경험입니다. 일본인을 위한 인도의 정보 사이트를 만들어도 재미있지 않을까요? 신뢰할 수 있는 인도 IT 기업과 일본 기업을 연계하는 것입니다."

도미타 씨는 길을 걸으면서도 언제나 비즈니스가 될 만한 것을 찾는다고 한다.

발명의 이가라시 씨도 언제나 자기 아이디어가 비즈니스로 연결될 수 있을지 의식하고 있다. **'이유가 무엇일까'라며 항상 자신에게 질문을 던지면, 어떤 것을 마주하더라도 아이디어 회로는 자연스럽게 돌아간다**고 한다. '새로운 것이 등장할 때가 기회다', '예전부터 있는 것의 형태나 용도를 변경하자'라며 발명의 실마리를 조언해 준 이가라시 씨. 사물과 상황을 바라보는 시선이 달라져야 깨달음도 탄생할 수 있다는 의미일 것이다.

당신은 다른 사람과 대화할 때 메모하는가? 저자는 직업의 특성상, 취재하며 메모를 할 기회가 많다. 하지만 이번 취재를 하면서 인터뷰 진행자인 저자 이상으로, 취재 대상자인 그들이 굉장히 메모를 많이 한다는 사실에 깜짝 놀랐다. 소위 '메모광'과 몇 번이나 만난 것이다.

임대업을 하는 후지야마 씨는 책상 위에 큰 노트를 펼치고, 저자의 질문이나 포인트를 메모하고 있었다. 때때로 대답할 때, 그림을 그리며 설명을 돕는 일도 하였다. 이시이 씨도 빈번하게 메모했다. 취재를 통해서도 어떠한 발상의 힌트를 얻기 위해 노력하는 모습에서 그의 야심이 엿보였다.

언론 노출로 신뢰도 향상

'시스템'을 구축한 선행자들은 언론에 노출될 기회가 많은 것도 포인트다. 신문, 잡지, TV 뉴스 프로그램 등 그들은 미디어에 노출되는 것을 전혀 싫어하지 않는다. 오히려 적극적으로 팔기 위해 노력하고 있다. 이는 거만하게 자신의 실적을 자랑하기 위함이 아니다. **모두 자신의 비즈니스를 위한 것이다.**

인지도를 높여 비즈니스에 보다 도움을 주고, 무엇보다 언론이라는 제3자의 시점에 의한 보도를 통해 신뢰감을 얻는 것이 목적이다. 신뢰도는 직접 얼굴을 마주하고 판매하는 것이 어려운 인터넷에서 가장 중요한 과제다. 언론 취재에 적극적으로 협력하는 것도 시스템을 구축하기 위해 필요하다.

보수적인 태도를 거두고, 세계를 목표로 하라!

마지막으로 시스템 구축에 대한 보수적인 태도를 거두고, 세계를 상대로 하는 비즈니스를 실현할 수 있다면 시스템의 규모는 단숨에 커질 것이다. 세계를 무대로 하는 시스템을 만든 도미타 씨는 이렇게 지적한다.

"인터넷은 세계적으로 연결되어 있습니다. 그러므로 일본에만 갇혀 있는 것은 의미가 없습니다. 저는 매일 인터넷으로 300만 원을 버는 사람을 알고 있습니다. 그 사람은 명상용 CD 한 장을 20만 원에 판매합니다. 재구매하는 사람도 많고, 혼자서 100만 원 가까이 소비하는 고객도 매우 많습니다. 저도 그 CD를 구매했지만 그냥 음악이 흐르는 음반일 뿐입니다. 이런 식으로 3,000만 원의 수익을 창출하다니, 매우 대단하다고 생각했습니다. 그의 비결은 자동 회신 기능을 잘 활용하고 있다는 점이었습니다. 고객을 1년, 2년 오랫동안 지켜보는 것입니다."

매일 300만 원이라면, 월수입은 9억 원. 연 매출은 108억 원…. 이제 이 정도가 되면 거의 괴물 같은 수준이라고 할 수 있다. 이는 전 세계의 79억 명을 상대로 비즈니스를 전개하고 있기 때문에 가능한 숫자다.

확실히 장벽은 영어다. 그러나 도미타 씨가 지적하는 것처럼 일본에는 해외에서 팔리는 많은 자산이 잠재되어 있다. 물론 이는 눈에 보이는 상품뿐만이 아니다. 정보 상품도 마찬가지다. 영어를 잘하는 일본인, 일본어를 잘하는 외국인과 연계하여 바다 건너에서도 문호를 개방하는 선택지도 좋다. 또한 후지야마 씨는 임대업으로 해외에 진출할 계획을 말해주었다.

"목표는 하와이의 건물입니다. 월세를 달러로도 취득하고 싶다는 생각이 들었기 때문입니다. 만약 매월 1만 달러 이상의 잉여 월세 수입을 만들어내면, 다음에는 유로에 도전할 것입니다. 세계 3대 기축 통화로 임대업을 할 수 있다니, 얼마나 재미있는 이야기인가요?

방식은 일본과 마찬가지입니다. 기사라즈나 홋카이도와 똑같습니다. 그게 잘 풀리면, 그 방법은 일본 임대업에도 적용할 수 있겠지요."

우선 자국에서의 시스템을 만들어 보자. 성공하는 그날에는 해외를 목표로 하는, 그런 세계적인 계획으로 시스템 구축을 진행하는 것이 앞으로의 시대에 필요한 것일지도 모른다.

이 책에서 다루는 10명 모두 의무적인 것도, 일방적인 것도 아닌, 정말 본인이 '하고 싶어서' 하고 있었다. 그들은 모두 '자기가 책임지는 자세'를 가지고 있었다. 본인의 판단으로 시스템을 전개하고 있는 상황을 진심으로 즐기는 듯했다. 그렇다, 결국 시스템은 즐거운 것이다. 새롭게 태어난 시스템은 무럭무럭 성장하여 큰 열매를 맺는다. 큰 나무가 되어 수풀이 되고 숲을 이룬다. 《소득의 다양한 흐름》의 저자 로버트 앨런의 말처럼, '여러 개의 수입원'이 완성되는 것이다.

결국에는 시스템을
만든 자가 승리한다

곰곰이 생각해 보면 2006년의 어느 여름밤, 2명의 작가와 편집자가 이자카야에서 하던 잡담의 '한 마디'가 이 책의 발단이었다.

> **아라하마** : "최근에 많은 사람들이 '이 세상은 시스템이다'라고 말하고 있어요."
>
> **다카하시** : "'시스템'이요?"
>
> **아라하마** : "결국에는 시스템을 만든 자가 승리한다는 것이죠."
>
> **편집자** : "그 말이 정말이라면, 꽤 흥미롭군요…."

그렇게 중얼거린 편집자는, 2명에게 시스템에 관한 책의 집필을 권유했다. 그렇게 아라하마와 다카하시의 시스템을 찾는 긴 여정은 그렇게 시작되었다. 지금, 일단 그 여정에 마침표를 찍었다. 만약 여행을 계속하고 있다면 더 새로운 시스템과 마주했을지도 모르며, 더 눈이 확 떠질 만한 이야기를 들을 수 있었을지도 모른다.

그러나 우리는 그 성과를 조금이라도 빨리 세상에 보고하는 것이 먼저라고 생각했다. 최근 주변 사람들이 자주 말하는 시스템이라는 단어. 그 본질을 이해하고, 조금이라도 많은 사람이 시스템 구축에 착수했으면 한다. 그것을 바랐기 때문이다.

이렇게 말하는 저자(다카하시)도 시스템 구축을 시작했다. 아직 시행착오 단계지만, 바로 시작하는 행동력이 중요하다는 사실을 이번 취재를 통해 크게 통감했다. 그 첫걸음으로 길이 만들어지고, 언젠간 거대한 시스템이라는 숲이 된다. 그것을 믿고 시도와 오류를 반복하는 것이다. 이것이 저자와 같은 '입문자'가 할 수 있는 유일한 길이다.

'시스템'을 이해하고 시스템을 구축하면서 저자들의 마음에 구체적인 변화가 있었다. 돈과 정면으로 마주하기 시작한 것이다. 그동안 저자는 '돈벌이'라는 말 자체가 비호감으로 느껴졌으며, 그에 저항감을 갖고 있었다. 너무 돈에 목을 매는 것도 보기 흉하다, 돈에 대해서는 생각하고 싶지 않다, 그에 집착하지 않아도 자신은 나름대로 즐거운 인생을 보내고 있다고 생각했다.

그러나 시스템이라는 개념을 깨닫고, 성공한 사람들의 이야기를 들으며 사고방식이 180도 달라졌다. 30대 중반에 결혼하고 40대라는 '인생의 절반'이 서서히 다가온 것도, 생각이 변화하는 데 한몫했다.

앞으로 자신의 인생을 어떻게 보내고 싶은가? '가능하면 역시 좋아하는 일을 하면서 보내고 싶다. 가정도 소중히 하고 싶다.' 이런 생각이 드는가? 그러기 위해서는 역시 선행하는 무언가가 필요하다. 돈은 행복을 움켜쥐기 위해 불가결한 수단이다. 그를 효율적으로 만드는 시스템은 한 번쯤 진지하게 생각해 볼 만한 주제다.

그런 생각으로 저자는 지금도 시스템 구축에 진지하게 몰두하고 있다. 물론 〈서문〉에 아라하마가 쓴 것처럼, '자신이 움직이고, 땀 흘리며 꾸준히 일하는 것'을 부정하는 것은 절대 아니다. 저자가 시스템 구축에 성공하여, 나름대로 '성공을 위한 방법론'을 책으로 만들어 독자 분들께 알려드릴 수 있는 날이 오기를 희망한다.

마지막으로 저자의 갑작스러운 의뢰에도 불구하고 유쾌하게 취재에 응해준 취재 대상자분들에게 감사의 인사를 전한다. '이 이야기는 참 흥미롭다'라는 말로 저자에게 책을 출판할 기회를 주시고 기획, 취재, 집필 등 모든 면에서 크게 도움을 주었던 코분샤 출판사의 사카구치 사다오 씨에게도 감사드린다. 더불어 생각처럼 집필이 진행되지 않아 피로가 누적된 상태에서 정신적으로 버팀목이 되어준 저자들의 가족에게도 다시 한번 감사의 인사를 전한다.

여러분, 대단히 감사합니다.

2007년 7월 여름,

다카하시 마나부

지속성, 복수화, 표준화,
시스템 구축에 대한 끊임없는 탐구

시스템을 구축한 사람과의 대화는 언제나 놀라움으로 가득하다. 그들은 시스템을 구축하는 데 참고가 되는 수많은 힌트를 제공해 준다. 이번 개정판을 펴내며 진행했던 취재에서도 기대를 저버리지 않고 저자들에게, 나아가 독자 여러분에게 신선한 관점과 깨달음을 전해 주었다.

가장 먼저 첫 인터뷰 때의 시스템이 아직도 활발하게 여전히 가동되고 있어 크게 감탄했다. 다부치 씨의 '특허 번역의 중개 비즈니스'는 시스템을 바꾸지 않아도 예전과 같이 높은 수익성을 훌륭하게 유지하고 있다. 이는 완성도가 높은 '궁극의 시스템'이었던 것이다.

시스템을 꾸준히 이어가기 위해서는 확실히 관리나 개조 등이 필수적인 경우가 많았다. 예를 들어 곤도 쓰토무 씨의 주차장 포털 사이트는 거래처를 정리하고 대기업과의 계약을 확대해 나가며 개선을 도모했다. 도미타 다카노리 씨는 고객을 모집하기 위해 유튜브나 페이스북 등 새로운 미디어를 적극적으로 활용하기 시작했다. 후지야마 유지 씨는 경매 물건을 구입하는 새로운 지역을 선정하고, 오쿠야마 유스케 씨는 새로운 요금 체계를 선보였다. 중요한 것은 필요에 따라 빠르게 대처하는 일이다.

그리고 그들에게 공통적으로 나타나는 몇 가지 사고방식을 살펴봤다. 그중 하나가 '지속성'이다. 그들은 한 번에 크게 돈을 벌고 끝나는 것이 아닌, 길게 지속해서 이익을 얻을 수 있는 형태를 중시하는 경향이 있었다.

〈1분 시리즈〉의 이시이 다카시 씨는 오래 받을 수 있는 인세를 추구하였으며, 배수 증발 방지제를 발명한 이가라시 다카오 씨는 원료를 계속 본인이 공급하는 계약을 맺고 있다. 그

외의 시스템 소유자도 항상 '지속성'을 언급했다. 인터넷 비즈니스로 돌아오고 싶다는 무로가 히로유키 씨도 계속해서 수익을 창출하는 제휴 마케팅 시스템에 주목한다.

다른 하나는 '복수성'이다. 도미타 다카노리 씨는 정보 기업이나 제휴 마케팅 등 여러 개의 수입원을 만드는 노력을 게을리하지 않는다. 고다 에이지 씨는 소규모 매장을 여러 개 가지고 있으며, 후지야마 씨는 96개의 부동산을 소유하고 있다. 이시이 씨는 〈1분 시리즈〉 책을 16권까지 펴냈다. 목표는 당연히 복수성에 따른 수입의 확대와 리스크 최소화다.

나아가 그들에게는 '표준화'의 사고도 잠재되어 있다. 모리 히데키 씨는 학원 사업의 커리큘럼을 표준화하여 프랜차이즈형 증식을 실천했다. 고다 씨도 상품의 표준화를 통해 다점포 전개를 할 수 있었다.

그들에게서는 공통으로 사고방식이라기보다 의식적으로 항상 새로운 소재, 신선한 시스템을 찾으려는 욕구를 엿볼 수 있었다. 돈을 더 벌고 싶다는 순진한 생각일 수도 있고, 언젠가 지금의 시스템이 없어질 수 있다는 위기감도 영향이 있을 것이다. 또 새로운 사업을 시작하고 싶다는 생각일 수도 있다.

어쨌든 그들은 언제나 시스템을 의식하고, 레이더를 세운 채 세상의 움직임이나 사람의 행동, 말을 주시하고 있다. 그렇기에 보통 사람이라면 그냥 지나치는 시스템의 씨앗을 깨닫고 형태를 갖출 수 있는 것이다.

지속성, 복수화, 표준화, 시스템 구축에 대한 끊임없는 탐구. 시스템을 구축한 사람들의 과거 활동에서 여러분이 볼 수 있던 그들의 사고방식이나 자세를 본인의 것으로 만들어, 독자적인 시스템을 구축하는 데 도움이 될 수 있기를 진심으로 바란다.

2013년 1월

다카하시 마나부

참고문헌

- 《부자 아빠 가난한 아빠 1(20주년 특별 기념판)》(2018), 로버트 기요사키 지음, 안진환 옮김, 민음인 펴냄
- 《부자 아빠 가난한 아빠 2 - 현금흐름 사분면과 돈을 관리하는 7가지 방법(개정판)》(2012), 로버트 기요사키 지음, 안진환 옮김, 민음인 펴냄
- 《부자 아빠의 젊어서 은퇴하기》(2002), 로버트 기요사키 지음, 형선호 옮김, 황금가지 펴냄
- 《행복한 부자가 되는 8가지 비결》*(2004), 혼다 켄 지음, 최현미 옮김, 더난출판 펴냄
- 《스무 살에 만난 유대인 대부호의 가르침》*(2004), 혼다 켄 지음, 홍찬선 옮김, 더난출판 펴냄
- 《부와 행복이 법칙》*(2005), 혼다 켄 지음, 임관택 옮김, 더난출판 펴냄
- 《세상에 하나 밖에 없는 '황금 인생 설계'》**(2003), 다치바나 아키라 지음
- 《'황금 날개'를 손에 넣는 자유와 노예의 인생 설계》**(2004), 다치바나 아키라 지음
- 《소득의 다양한 흐름(Multiple Streams of Income)》**(2005), 로버트 앨런 지음
- 《사상 최고의 세미나》**(2006), 마이크 리트먼 외 9인 지음
- 《일본은 부자, 당신은 가난한 이유는?》**(1999), 태가트 머피R, 에릭 고워 지음
- 《백만장자 마인드》*(2007), 토머스 스탠리 지금, 장석훈 옮김, 북하우스 펴냄
- 《누구에게나 세 번의 기회는 있다》*(2005), 간다 마사노리 지음, 이선희 옮김, 랜덤하우스코리아 펴냄
- 《아무것도 하지 않아도 월 50만 엔! 행복하게 프티 리타이어하는 방법》**(2004), 이시이 다카시 지음
- 《일본인이 모르는 인터넷으로 수익을 창출하는 새로운 방법, 드롭쉬핑》**(2005), 도미타 다카노리 지음
- 《인터넷에서 월수익 1,000만 엔! 정보 기업의 신기한 수익 창출 방법》**(2005), 무로가 히로유키

- 《금시력으로 돈과 시간을 손에 넣다 - 비즈니스 오너가 되는 방법》**(2006), 다부치 히로야 지음
- 《직장인 '집주인' 경영 매뉴얼 - '월세 비즈니스'로 실패하지 않기 위한 78가지 실천법》**(2005), 후지야마 유지
- 《부자가 되어라!》**(2006), 고다 에이지 지음
- 《블로그 SEO 대책 테크닉 - 블로그 콘텐츠 최적화로 검색 엔진을 끌어들이다!》**(2007), 나카무라 요시마사
- 《야후, 구글 SEO 대책 테크닉 - 목표하라! 야후 구글에서 1위 노출》**(2005), 스즈키 마사시세 지음
- 《할 수 있는 100 기법 SEO&SEM 집객도, 매출을 올리는 야후 구글 대책》**(2006), 오우치 코무 외 지음

---

* 절판도서
** 국내 미출간 도서

RE·ISSUE SERIES | 04

결국 시스템을 만드는
사람이 이긴다

1판 1쇄 펴낸날 2024년 10월 24일

지은이 아라하마 하지메, 다카하시 마나부
옮긴이 오정화

펴낸이 나성원
펴낸곳 나비의활주로

책임편집 유지은
디자인 BIG WAVE

주소 서울시 성북구 아리랑로19길 86
전화 070-7643-7272
팩스 02-6499-0595
전자우편 butterflyrun@naver.com
출판등록 제2010-000138호
상표등록 제40-1362154호
ISBN 979-11-93110-44-7 03320

※ 이 책은 저작권법에 따라 보호받는 저작물이므로 무단 전재와 무단 복제를 금지하며,
   이 책의 내용을 전부 또는 일부를 이용하려면 반드시 저작권자와 도서출판 나비의활주로의
   서면 동의를 받아야 합니다.
※ 책값은 뒤표지에 있습니다.
※ 잘못된 책은 구입하신 곳에서 바꾸어드립니다.